강제동원&평화총서 – 감感·동動 3

홋카이도北海道 최초의 탄광 가야누마茅沼와 조선인 강제동원

정혜경鄭惠瓊 저

선인

강제동원&평화총서 - 감感·동動 3
홋카이도北海道 최초의 탄광 가야누마茅沼 와 조선인 강제동원

초판 1쇄 발행 2013년 7월 31일

저　자 | 정혜경
발행인 | 윤관백
발행처 | 도서출판 선인

편　집 | 윤지원
표　지 | 윤지원
영　업 | 이주하

등　록 | 제5-77호(1998.11.4)
주　소 | 서울시 마포구 마포동 324-1 곳마루 B/D 1층
전　화 | 02)718-6252/6257　팩 스 | 02)718-6253
E-mail | sunin72@chol.com

정　가 6,000원
ISBN 978-89-5933-634-4 (세트)
ISBN 978-89-5933-639-5 04900

· 잘못된 책은 바꿔 드립니다.

강제동원&평화총서 – 감感·동動 3

홋카이도 北海道 최초의 탄광 가야누마 茅沼 와 조선인 강제동원

정혜경 鄭惠瓊 저

선인

[감感동動 3 - 홋카이도(北海道) 최초의 탄광 가야누마(茅沼)와 조선인 강제동원]은

　일본탄광산과 홋카이도 탄광산의 역사를 배경으로 1863년 개광 이후 1964년 폐산될 때까지 100년의 역사를 가지고 있는 장수광長壽鑛인 가야누마(茅沼)탄광의 역사와 조선인 강제동원의 실태를 종합적으로 담은 책이다.

　일본의 최북단 홋카이도 오타루시에서도 서쪽으로 약 1시간가량 더 들어가야 하는 작은 마을, 도마리무라(泊村)는 평화로워 보였지만, 아시아태평양전쟁 시기에는 1천명 이상의 조선인들이 탄을 캤던 곳이다. 조선인들의 강제동원 사실은 오타루시(小樽市)의 시민운동가 노야마 유코(能山優子)에 의해 2002년에야 세상에 알려졌다.

　전북 지역 출신자들이 중심을 이루었던 가야누마탄광에 강제동원된 조선인들의 노동실태는 중요한 탄광노동 사례이자 이제는 고인이 된 노야마 유코가 전하고자 했던 양심의 목소리를 접하는 기회이기도 하다.

목차

홋카이도北海道 최초의
탄광 가야누마茅沼와 조선인 강제동원[1]

제1장 • 시작하며 – 홋카이도 최초의 탄광 가야누마	06
제2장 • 홋카이도의 탄·광산	10
1. 일본 탄·광산의 역사	10
2. 홋카이도의 탄·광산	12
제3장 • 가야누마탄광의 노동실태	19
1. 가야누마탄광의 개광과 변천	19
2. 아시아태평양전쟁과 가야누마탄광	29
제4장 • 가야누마탄광과 조선인 강제동원	43
1. 가야누마탄광에 입산한 조선인 현황	43
2. 강제노동 실태	52
3. 사고와 부상	68

---

[1] 이 글은 국무총리 소속 대일항쟁기 강제동원피해조사 및 국외강제동원희생자 등 지원위원회 진상조사보고서 「홋카이도 가야누마(茅沼)탄광에 강제동원된 전북 출신자의 피해 진상조사」(2010.08.27. 위원회 의결, 2011 출간, 이하 진상조사보고서로 약칭) 중 정혜경이 작성한 내용을 토대로 했다. 정혜경 작성 내용에 대해서는 별도의 주를 달지 않았다.

 1장 시작하며_홋카이도 최초의 탄광 가야누마

가야누마(茅沼)탄광은 홋카이도(北海道) 남서부 샤코탄(積丹) 반도 연안의 도마리무라(泊村)에 있었던 홋카이도 최초의 탄광이다. 1863년 개광 이후 1964년 폐산될 때까지 100년의 역사를 가지고 있는 장수광長壽鑛이다. 규모는 소규모이지만 홋카이도 내에서 최초로 개광한 탄광이다.

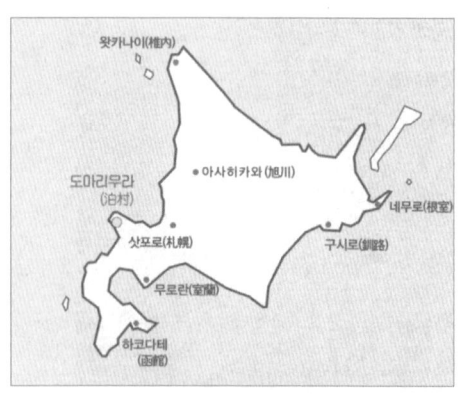

그림1. 가야누마탄광이 자리한 도마리무라(진상조사보고서, 5쪽)

가야누마탄광은 일본의 최북단 홋카이도 오타루시에서도 서쪽으로 약 1시간 가량 더 들어가야 하는 작은 마을, 도마리무라(泊村)에 있었다. 도마리무라는 바닷가 가까이 있는 조용하고 평화로워 보이는 곳이다. 이 작은 마을에도 아시아태평양전쟁[만주사변, 중일전쟁, 태평양전쟁 등 1931~1945년간 일본이 일으킨 전쟁을 포괄적으로 지칭] 시기에는 조선인 강제동원의 역사가 만들어졌다.

문헌자료에서 확인된 가야누마탄광의 조선인 동원현황을 보면 1939년 10월에 130명이 동원된 것을 시작으로 매년 꾸준히 동원규모를 확대하여, 1944년에는 825명의 조선인이 있었던 것으로 확인된다. 1944년 이전에 계약기간 만료 등으로 귀환한 자, 1944년 이후 동원되어 온 자 등을 고려해 보면, 가야누마탄광의 전체 조선인 동원 규모는 1000~1500명 정도로 추정된다.

조선에서 일본의 각 작업장으로 노무자를 송출한 과정을 살펴보자.

사업주가 당국을 통해 필요한 조선인 노동력을 요청하면, 조선총독부가 도, 군, 면의 순서로 노무자를 조달할 지역, 인원을 할당해 준다. 각 지역에서의 노무자 동원은 회사 직원, 관공서 직원과 경찰의 관여 하에 조직적으로 이루어진다. 할당된 지역에서 조선인을 동원하게 된 사업소는 지역적 연고를 이용하여 제 2차, 3차 동원에도 그 지역에 기반을 두고 정책적·조직적·집단적으로 노무자를 동원하게 된다.

이런 이유로 특정 사업소에 특정 지역군의 출신자가 집중된 경향을 보이는 경우가 있는데, 가야누마탄광은 주로 전북지역에서 노무자를 송출했다.

가야누마탄광과 조선인에 대한 학계의 관심은 그리 크지 않은 편이다. 구와바라 마사토의 『메이지 초기의 탄광의 개발-가야누마탄광 사회에서의 생활과 역사』(明治初期における炭鉱の開発-茅沼炭鉱社会における生活と歴史)이 대표적인 연구 성과이다. 이 보고서는 북해도 개척기념관이 1972년에 발간한 것으로, 가야누마탄광의 역사, 변천, 사회와 풍속 등을 소개하고 있다. 보고서의 제5장에는 가야누마탄광의 탄광노동과 노동운동을 다루고 있으며, 전시체제하의 탄광노동자로 조선인 노무자에 관하여 기술하고 있다. 가야누마탄광의 조선인 노무자에 관한 선행연구로는 가장 자세하게 분석되어 있는 자료이다.[2] 국내에서는 가야누마탄광 '조선인 희생자 명부', '선거권 명부' 분석을 통해 전라북도 출신자의 피해실태를 개관한 박맹수의 연구 논문이 있다.[3]

가야누마탄광 역사를 통사적으로 기술한 책으로는 『가야누마탄광사[茅沼炭鉱史, 1982]』, 가야누마탄광 『개광백년사[開鑛百年史, 1956]』가 있다. 이 문헌들은 전시기에 관한 내용은 자세하게 다루고 있지 않으므로 조선인에 관한 내용은 구체적으로 확인되지 않는다.

일본 홋카이도 한적한 지역에 있던 가야누마탄광에 동원된 조선인의 존재를 세상에 알리는데 기여한 인물은 홋카이도 오타루시(小樽市)의 시민운동가 노야마 유코(能山優子)이다. 지금 고인이 된 노야마는 가

---

[2] 구와바라 마사토와 함께 이 보고서 작성을 위한 조사에 참가했던 북해도개척기념관 전 직원인 단치 테루이치(丹治輝一) 면담내용(2007년 10월 13일)에서 가야누마탄광 조사에 나서게 된 배경을 알 수 있다. 진상조사보고서, 3쪽
[3] 박맹수, 「일제 말기 홋카이도로 강제동원된 전북 출신 노무자 213명의 명부」, 『한일민족문제연구』8호, 2005.6.

야누마탄광에 관한 조사 활동을 하면서 개인적으로 수집한 명부류, 문헌 자료, 현장조사 기록 등을 공개해 연구에 도움이 되도록 했다. 또한 2002년부터 가야누마탄광 희생자의 유족 찾기 운동을 시작해, 21명의 유족을 확인해 피해사실을 알리고 사죄의 마음을 표현하는 편지를 보내기도 했다.[4]

여린 어깨를 가졌던 노야마 유코씨의 따스한 시선이 가야누마탄광을 한국 사회에 알렸다. 이제 남은 몫은 분명하다.

---
4) 진상조사보고서, 4쪽

2장 홋카이도의 탄·광산

1. 일본 탄·광산의 역사

일본에서 석탄은 668년에 처음 발견되었으나 메이지(明治) 유신 이후에 이르러서야 광업으로서 조직적인 형태를 보이기 시작했다. 일반적으로 산업혁명 이전에 석탄은 연료로서 활용가치를 주목받지 못하였기 때문이다. 18세기 초에 일본에서 석탄은 연료용이 아닌 제염용製鹽用으로 사용되었다.

번藩이 소유하던 광산은 1869년 2월 20일자(행정관 포고 제77호)로 자유채굴이 허용되어 번으로부터 개방되었다가 1872년에 '광산수칙(鑛山心得)'에 의해 정부 소유가 되었다. 1873년에는 일본 최초의 광산법인 '일본갱법日本坑法'이 발포되어 탄광을 포함한 주요 광산의 관영, 민영이 허용되었다.

일본의 탄전炭田은 1887년에 출탄고出炭高가 170만 톤에 불과했으나 제1차 세계대전 이후에는 기존 탄산炭山의 확장과 새로운 탄산 개발 등으로 급증했다. 1920년대에 들어서 출탄고의 급등과 경제

불황으로 해운업계와 공업계가 부진해지자 탄가炭價 하락은 심각한 상태가 되었다. 이에 석탄광업회사로 구성된 석탄광업연합회는 송탄(送炭)을 조절하고, 탄산을 정리하며, 설비를 기계화 하는 등 자구책을 강구하여 대응해나갔다. 특히 석탄광업은 국가의 기초산업이었으므로 정책적인 관리 대상이었다. 당국은 석탄을 '연료 국책'이라 하여 중시하고 각종 법령과 통제기구(연합체)를 통해 수급통제와 조절을 해나갔다. 1941년 11월에 설립된 석탄통제회, 석탄통제조합 이전에 설립되었던 석탄광업연합회 및 구성단체, 석탄광업호조회互助會 등은 자치를 내세우고 있었지만 생산통제기관의 성격을 가지고 있었다.

이 가운데 석탄광업연합회는, 대기업 중심으로 1921년에 창립되었는데, 비록 생산통제기관으로 성격을 가지고 있으면서도 출탄의 자치적 제한을 통해 탄가를 유지하는 방법으로 수급 조절을 했다. 그러나 1936년 이후 부터는 증산을 조장하는 기관으로 전환되었다. 석탄광업연합회는 도쿄(東京)본부를 비롯해 지쿠호(筑豊)석탄광업회, 홋카이도(北海道)석탄광업회, 죠반(常磐)석탄광업회, 우베(宇部)석탄광업회, 히치쿠(肥筑)석탄광업회가 소속되었는데, 결성 시기는 지역에 따라 차이가 있다. 이 가운데 홋카이도 석탄광업회는 1924년 7월 사단법인체로 창립하여 29개 가동탄광과 250만 톤에 달하는 생산액을 보였다.[5]

---

5) 久保山雄三, 『日本石炭鑛業發達史』, 公論社, 1942, 1~3쪽, 171~172쪽 ; 社團法人北海道石炭鑛業會, 『北海道鑛業誌』, 1928, 11쪽

2. 홋카이도의 탄·광산

홋카이도(北海道)는 1869년에 일본이 점령하여 일본 영토로 확정한 땅이다. 홋카이도에는 구석기 시대부터 사람이 살기 시작했는데, 일본이 점령하기 전에는 '아이누모시리'라는 이름을 가진 지역이다. 일본에서는 에조(蝦夷)라고 불렀으며 메이지유신(明治維新) 이전에도 영주 차원의 개발이 있었으나 메이지유신 이후에 본격적인 개발이 시작되었다. 메이지 정부는 '보호이민정책'을 실시하고 관영사업을 통해 산업을 개발하고자 했으나 효과는 거두지 못했다. 일본은 1869년에 아이누모시리를 점령하여 이름을 홋카이도로 고치고, 개척사(開拓使)를 설치해 일본 영토로 확정했다. 개척사제도는 1882년에 폐지되고, 일본 본토와 동일하게 현(縣)제도가 적용되었으며, 1886년에는 홋카이도청이 개설되었다. 일본은 홋카이도를 점령한 이후에 죄수를 탄부로 투입하는 등 적극적인 개척 정책을 실시했다. 일본의 점령 이후 아이누족은 점차 홋카이도에서 밀려나고 그 자리는 일본 본토에서 이민을 온 일본인들이 채워나갔다. 이러한 과정을 통해 홋카이도는 일본에 점령당한 후 대표적인 탄전으로 활용되었다.

홋카이도는 석탄을 비롯해 금·은·유황 등 지하자원이 풍부한 지역으로 유명한데, 탄광보다 금광산이 먼저 알려졌다. 구전(口傳)에 의하면, 1191년에 가미이소(上磯郡)군 시리우치(知内)천 상류에서 금덩어리가 발견된 이후 가마쿠라 막부(鎌倉幕府)의 명에 따라 병사 1천여 명과 인부 800명으로 구성된 원정탐험대가 에조섬[홋카이도의 옛 지명]으로 들어가서 사금을 채취하기 위해 아이누족과 싸웠으나 패해 실패했다고 한다. 철광은 1456년 봄에 가메다군(龜田郡) 주변에서 사철砂鐵을 채취하여 제련한 기록이 있다. 1608년에는 시리우치(知內)천에서 금을 채굴하기 시작했고, 1617년에는 오사와무라(大澤村)에서 금광산을 발견하여 마쓰마에(松前)금광산의 효시가 되었다. 1635년에는 인근의 도카치(十勝) 지역에서도 금광산을 개굴했다. 1846년에는 하코다테(函館)에서 유황이 발견되기 시작했고, 은광산 채굴도 시작했다. 하코다테의 유황산은 1848년에 채굴이 중지되기도 했으나 1854년에 다시 채굴을 시작했다. 이러한 금은광산의 발견으로 일반 서민들은 홋카이도를 입신출세와 성공을 보장하는 땅으로 인식하기도 했다고 한다.[6]

석탄의 경우에는 안세이(安政) 연간(1854~1859년)에 구시로(釧路)의 시라누카(白糠) 탄전과 가야누마(茅沼) 탄전이 발견되었다. 1854년에 채굴이 시작된 시라누카 탄전은 이미 갱에서 안전등安全燈을 사용한 것으로 알려져 있다.

가야누마탄광은 1863년에 개광했다. 관영탄광제도로서 죄수노동에 의해 개발되던 홋카이도의 탄전은 1889년 홋카이도탄광철도회사[홋카이도탄광기선주식회사로 변경. 이하 북탄]가 설립되면서 대기업들이 진출한 이후 개발이 촉진되었다.

이 같이 홋카이도의 광업은 막부시기에 사철광업을 시작으로 금

---

6) 社團法人北海道石炭鑛業會, 『北海道鑛業誌』, 1928, 1~38쪽. 이하 홋카이도 광업 및 탄광업 현황에 대해 별도의 주가 없는 경우에는 이 자료를 참조했다.

속광산과 유황광산, 석탄광산을 각각 개발했다. 그러나 홋카이도의 광업이 본격적으로 개발된 것은 메이지(明治) 시기에 들어선 이후이다. 1869년에 개척사제도가 실시된 이후 개척사가 홋카이도의 광산 업무를 통괄했는데, 특히 석탄광업 개발에 주력했다. 개척사는 지질광물조사를 통해 광산의 채산성을 검증한 후 개광을 하고 채굴했으며 광산의 채굴품을 실어 나르기 위해 광산지역을 연계한 철도 부설작업도 확대했다. 지질광물조사는 홋카이도에 개척사시대가 폐지되고 3현 1국 시대에 들어서도 계속되었다.

1886년에 도청이 설치된 이후에는 도청이 광물의 시굴 및 차구원(借區願)을 모두 관장했다. 도청은 홋카이도 전역의 지질광물에 대한 정밀 조사를 실시하고, 이에 근거해 이쿠쏜베츠(幾春別) 탄광 등 새로운 탄광에서 채굴을 시작했다. 1891년에는 그간 지질광물에 대한 조사결과[북해도지질조사보문北海道地質調査報文]를 발간했다. 1890년에 광업조령이 제정되자 광산 사무는 공부성에서 광산국으로 이관되었다. 1892년에 삿포로(札幌)에 삿포로광산감독국을 설치하고 1896년에 삿포로광산감독서로 변경했다. 광산감독서는 1913년에 광무서로 개칭되었다. 1905년에 광업법이 제정되고 1909년에는 사광(砂鑛)법도 발포되었다.

이와 같이 홋카이도의 광업은 관업(官業)으로서 개발되었으나 1889년 북탄이 설립되자 호로나이 탄광이 불하(拂下)된 것을 필두로 소라치(空知)와 유바리(夕張)광구도 북탄의 소유가 되었다. 1920년대 초반에는 미쓰이(三井)와 미쓰비시(三菱), 스미토모(住友) 등 대기업이 홋카이도에 진출해 탄광업을 압도적으로 지배했다. 이와 같이 홋카이도 광업의 중추를 이루는 석탄광업이 민간으로 이관되었고, 다른 분야의 광업도 점차 민간기업으로서 발달해나갔다.

홋카이도 광구수 추이는 광산업의 발전 추이와 궤를 같이 한다. 연도별로 채굴광구수의 추이를 살펴보자. 홋카이도는 1916년 이후 증가해서 제1차 세계대전으로 인한 경제 공황에서도 채굴 광구는 거의 영향을 받지 않았다. 이유는 지세, 기후와 교통 등 광산을 둘러싼 환경이 대기업에 유리했기 때문이다.

〈표 1〉 홋카이도 관내 연도별 채굴 광구 현황 (단위 : 개소)

연도별	금속광구	석탄광구	석유광구	유황광구	계
1913년	44	178	21	42	285
1918년	54	202	28	44	328
1920년	60	224	30	46	360
1922년	59	212	33	43	347
1924년	60	208	36	40	344
1926년	55	207	33	39	334
1927년	53	203	32	39	327

〈자료〉 社團法人北海道石炭鑛業會, 『北海道鑛業誌』, 〈표 3〉 수정

채굴 광구의 평수에서도 1913년의 165,062,619평에서 1927년에는 259,235,720평으로 1억 평에 가까운 면적이 늘어났다. 광구를 광종별로 보면, 석탄이 가장 많아서 시굴試掘 수나 면적에서 홋카이도 전체 광구의 50%가 넘는다. 채굴 면적은 62%이다. 총생산액에서도

홋카이도의 석탄은 비중이 높아서 1927년에는 석탄이 92%이고, 그 다음이 유황이며, 그 뒤를 금은과 석유가 이었다. 홋카이도 탄전을 지역별로 보면 이시카리(石狩) 지역이 으뜸이다.

면광산은 채굴뿐만 아니라 운송수단도 매우 중요하다. 홋카이도는 1907년 말에 철도 총연장이 644리였는데, 1918년 말에는 1,500리가 되었고, 1927년에는 1,718리로 최근 10년간 1.6배가 늘어났다. 철도를 이용한 수송물 가운데 석탄은 무려 45%(1927년 기준)를 차지했다. 항만시설도 석탄수송과 연결되어 고가高架 잔교棧橋를 설치하거나 탄전과 연결한 철도를 다시 선적船積으로 잇는 구조를 설치했다. 그 결과 채굴한 광산물이 안정된 수송체계를 이용할 수 있으므로 광산물 채굴에 영향을 주어 생산액을 높이는 결과를 가져왔다.

당시 광산업에 종사한 인원을 살펴보자.

1927년 말 현재 광부 총인원수는 33,647명이다. 그 가운데 남자가 31,092명으로 다수를 차지하지만 여성이 2,379명이 있고, 유년자도 176명으로 파악되었다. 이들을 광종별로 보면, 금속광산이 1,434명이고, 유황광산이 668명, 석유광이 297명인데 비해 석탄광산은 31,248명으로 가장 노동집약적임을 알 수 있다.

광부 고용방법은 직접 채용 외에 출장모집, 연고모집, 신문광고 등을 이용하거나, 일본 본토 및 조선에서 모집하는 방법을 사용했다. 광부의 이동은 생산량과 직결되므로 기업들은 이들의 이동을 줄이기 위해 고용제도와 임금제도를 일부 개선하기도 했다. 그러나 광산노동은 죄수노동에서 시작되었으므로 노동자에 대한 가혹한 착취와 노무관리제도는 아시아태평양전쟁을 일으킨 이후에 더욱 강화되었고, 전쟁이 끝날 때까지 사라지지 않았다.

홋카이도에서 산출되는 광물은 금속광물과 비금속광물로 나눌 수 있다. 금속광물은 비금속광물보다 종류가 많은데, 금, 은, 동, 철, 수은, 사금, 아연 등이다. 비금속광물은 유황과 석탄이다. 비금속광물 가운데 대표적인 것은 석탄인데, 홋카이도는 석탄 매장량에서 일본 최대 규모로 알려져 있다. 일본 전체 석탄 매장량이 아탄亞炭을 기준으로 202억 4600만 톤인데, 이 가운데 홋카이도가 101억만 톤으로 49.7%에 이른다.

일본 전역의 주요 탄전별 연도별 생산량 추이를 보면 다음과 같다.

〈표 2〉 일본 전역 탄전별 연도별 생산량 추이 (단위 : 천 톤 / %)

연도	전국	홋카이도(北海道)							혼슈(本州, 후쿠시마,이바라키의 조반 탄전)		규슈(九州)	
		전체	비율	石狩	釧路	留萌	天北	茅沼	생산량	비율	생산량	비율
1911	17,633	1,702	9.65	-	-	-	-	-	2,103	11.92	13,689	77.63
1920	29,245	4,510	15.42	4,209	212	26	62	-	4,949	16.92	19,787	67.65
1925	31,459	5,639	17.92	5,168	450	18	4	-	4,661	14.81	21,159	67.25
1930	31,376	6,727	21.56	6,042	639	45	0	-	4,359	13.89	20,291	64.67
1935	37,762	8,318	22.02	7,407	757	147	7	-	5,269	13.95	24,175	64.01
1940	56,313	15,106	26.82	12,595	2,027	314	170	-	8,734	15.50	32,473	57.66
1941	56,602	15,747	27.82	12,682	2,385	400	146	133	7,993	14.12	31,862	56.29
1942	54,179	15,657	28.89	12,727	2,261	428	111	130	7,979	14.72	30,543	56.37
1943	55,539	15,647	28.17	12,888	2,074	429	140	116	8,596	15.47	31,295	56.34
1944	49,335	14,409	29.20	13,022	683	487	124	94	7,395	14.98	27,530	55.80
1945	22,335	6,972	31.21	6,402	256	211	58	44	3,401	15.22	11,961	53.55

〈자료〉 http://e-ono.com/coal/ 수록 통계 (3) '탄전별 생산량 추이' 내용 중 일부
* 비율은 전국 생산량 대비 해당 지역 생산량 비율
* 1945년은 8월 이후에는 채탄이 정상적으로 가능하지 않았으므로 전년도에 비해 반 정도 감소

1913년에 삿포로광무서가 조사한 '홋카이도 탄전 현존 및 추정 탄량과 부존구역'을 보면, 이시카리탄전·가바토(樺戸)탄전·루모이(留萌)탄전·도마마에(苫前)탄전·소야.덴보쿠(宗谷.天北)탄전·도카치(十勝)탄전·구시로(釧路)탄전·시라누카(白糠)탄전·지토세(千歲)탄전·가야누마(茅沼)탄전 등 10개 탄전의 현존 탄량이 52,609,000톤이고, 추정 탄량은 3,962,668,000톤이다. 1911년에 농상무성이 조사한 규슈(九州) 탄전의 현존 탄량은 645,750,000톤으로 홋카이도를 능가하지만, 추정 탄량은 1,261,310,000톤으로 홋카이도의 1/3에 불과하다. 규슈 이외 본토지역 탄전의 추정 탄량은 219,840,000톤으로 홋카이도의 1/18이다. 그러나 생산량 비율을 보면, 규슈가 전체 생산량의 50%를 넘고, 홋카이도는 20~30% 정도이다. 이 점은 추정탄량과 무관하게 투여한 노동자 숫자에 영향을 받기 때문이다.

3장 가야누마(茅沼) 탄광의 노동실태

1. 가야누마 탄광의 개광과 변천

가야누마(茅沼)란 아이누어로 '배의 재료를 구하는 곳'을 의미하는 '카야노마이'에서 유래했다.[7] 가야누마탄광은 세키탄(積丹) 반도 서해안 이와나이쵸(岩內町)에서 북으로 약 12Km 위치에 있는 후루우군(古宇郡) 도마리무라(泊村) 가야누마 지구(茅沼地区)를 중심 채굴지역으로 하고 있는 탄전이다.[8] 탄전의 면적은 고작 10여km²로서 도내道內 주요 탄전인 이시카리, 구시로 등과는 비교할 수 없을 정도로 소규모이다.

홋카이도는 대규모 탄전을 가지고 있는데, 그 가운데 석탄매장량을 보면, 이시카리 탄전이 으뜸이고, 구시로와 데시오탄전이 그 다음을 차지한다. 석탄매장량에서 가야누마 탄전은 그리 큰 규모의

---

7) http://hokkaido.yomiuri.co.jp/tanken/tanken_t011013.htm
8) 北海道開拓記念館,「明治初期における炭鉱の開発- 茅沼炭鉱社会における生活と歴史」(北海道開拓記念館調査報告 第1号), 1972, 2쪽

탄전이라 볼 수는 없다. 〈표 2〉에서 알 수 있는 바와 같이 채탄량에서도 홋카이도 전체 생산량의 1%에도 미치지 못한다.

가야누마 탄전은 석탄매장량이나 생산량에서 소규모이지만 일본 탄광사에서는 홋카이도에서 가장 이른 시기에 탄광의 존재가 알려지고 개광을 했다는 점에서 평가된다.

가야누마탄광이 홋카이도에서 가장 빨리 개광을 할 수 있었던 이유는 막부 시대에 시작된 일본해 연안의 어장개발에 영향을 받았기 때문이다. 막부 시대에 홋카이도는 연안(沿岸) 어업이 개발되기 시작했는데, 폐쇄적인 어장경영제도가 중심이었으나, 청어 잡이를 중심으로 어업이 전개되었다. 17세기 초부터 이와나이쵸(岩內町), 도마리무라(泊村), 가모에나이무라(神惠內村) 등 세키탄 반도 서해안 지역은 어장으로 알려졌다.

18세기말에는 마쓰마에(松前), 에사(江差) 지방의 어류 감소로 인해 어업의 중심지가 옮겨옴에 따라 세키탄 반도 서해안 지방의 인구가 늘어나게 되었다. 이로 인해 이 지역 어부들의 출입이 잦아지면서 탄광을 발견하게 되었고, 일정한 노동력도 확보할 수 있었다. 실제로 가야누마는 막부시기에 이와나이 관내(場所) 영내에 속한 어장이었는데, 1856년 이 어장에 인접한 산에서 석탄을 발견해서 개광했다. 나무를 구하러 입산한 어부(忠藏)가 집으로 돌아가는 길에 우연히 석탄덩어리를 발견하면서 탄광의 존재가 세상에 알려지게 되었다. 1856년 음력 4월 12일. 어부는 항해에 필요한 용구 재료를 찾으러 다마카와 안으로 들어와 청어잡이가 끝난 해변에서 초여

름의 태양을 즐기며 낮잠을 자다가 산에서 검은 돌을 발견했다.[9]

비록 1856년에 가야누마에서 석탄이 발견되었으나 곧 바로 개광을 한 것은 아니었다. 1854년에 일본은 미국과 가나가와(神奈川)조약을 맺어 하코다테(箱館. 函館)를 개항했다. 이후 항구에 외국 기선이 기항을 하자 비로소 기선 연료로써 석탄의 중요성을 알게 되었고, 막부도 석탄의 필요성을 인식하게 되었다. 그러나 이 시기 막부는 하코다테로 입항하는 미국 배에 공급할 석탄 문제로 고민하고 있었다. 그러던 중 가야누마에서 석탄을 발견하게 된 것이다. 막부는 채굴을 서둘게 되고, 구리하라(栗原善八)라는 사람이 구시로의 시라누카(白糠)와 시리베시(後志), 가야누마(茅沼) 탄전 개발에 착수하였으나 채굴은 중단되었다. 가야누마 탄전은 단속斷續된 탄층으로 인해 천장 붕괴가 이어져 사업수행이 불가능했기 때문이다. 결국 가야누마에서 채굴을 중지하고, 시라누카탄전에서만 계속 채굴했다.

하지만 현재와 마찬가지로 당시도 탄광에서 일하기를 지망하는 사람은 부족했으므로 구리하라가 시라누카에서 일을 시킨 사람들은 죄수였다. 과학의 진보로 탄광 일이 대체로 안전한 것으로 여겨지는 오늘날조차도 탄광에서 일하는 사람이 부족할 정도로 꺼리는 일이다. 석탄을 발견한 시대에는 더욱 더 갱내에서 일할 사람이 없었으므로 '나쁘게 평가된' 사람들을 시라누카 탄산으로 보내 탄광작업에 종사하게 했다.[10]

---
9) 《北海道新聞》1964년 4월 1일자 茅沼物語(1)
10) 久保山雄三, 『炭礦めぐり』, 1949, 公論社, 20쪽

가야누마 탄전이 정식으로 개광한 것은 1863년이고, 채탄은 다음 해부터 시작되었다. 증기선에 공급할 석탄이 시급했던 막부가 가야누마탄산 개채開採 확장을 결정하고 다시 작업을 시작하도록 했기 때문이다. 가야누마탄광은 1863년 이후 1964년에 폐산되기 까지 108년 동안 장수광長壽鑛 역사가 시작되었다.

1864년 봉행소[奉行所. 봉행이란 무가에서 정무를 담당하는 사람]에서는 오시마 좌에몬(大島惣左衛門)에게 시라누카와 가야누마 탄전의 탄질을 감정하도록 한 결과, 시라누카탄은 탄질이 나쁘고 가야누마탄이 양질이라는 사실을 알게 되었다. 그 결과 도쿠가와(德川) 막부 말기에 시라누카 탄산을 폐지하고 가야누마 탄산의 개발에 힘을 쏟았다. 1864년부터 하코다테 봉행奉行은 미국인 광산기사를 불러 정식으로 가야누마탄광에서 채탄을 시작했다. 이들 탄전은 막장이 무너지는 사고로 중지되기도 했으나 막부가 초빙한 미국인 광산기사(W.P.Blake, R.Pumpelly)에 이어 1866년에 초빙한 영국인 광산기사 E.H.M.Gower의 노력으로 1867년부터 다시 채굴이 시작되었다. 그러나 이번에는 경비가 너무 많이 들어서 채탄을 한 지 3년만에 다시 휴산했다. 톤당 가격이 나가사키에 비해 5할이 높았기 때문이다.[11] 본격적인 홋카이도 개발에 눈을 돌리기 시작한 막부가 적극적으로 외국기술을 도입함에 따라 근대산업 육성책 가운데 관영기의 가야누마탄광 개발에는 많은 외국인, 서양기술이 도입되었다. 그러나 갱구에서 해안까지 험로險路를 개척하는 작업은 쉽지 않

---

11) 久保山雄三, 『炭礦めぐり』, 1949, 公論社, 20쪽

았고, 넓게 이어진 탄층으로 인해 노동력이 분산되어 이 시기 채탄량은 수천 톤에 불과했다.

그러나 외국의 산업 기술은 탄광 발전에 일정하게 기여를 했다. 개광한 이후 외국인 광산 기사의 초빙과 함께 유럽의 여러 산업 기술이 가야누마탄광이 있는 도마리(泊村) 마을로 유입되었기 때문이다.[12]

그 가운데 하나가 바로 철도였다. 당시 마을 주민들이 채굴한 석탄을 목코(삼태기의 일종)에 실어 옮기는 것을 본 영국인 광산기사는 "인력으로는 하코다테에 오는 배에 공급하기 늦다. 그렇다. 철도다"라고 생각하게 되었다.

그는 침목 위에 나무 레일을 깔고 표면을 철판으로 보강했다. 이렇게 만든 철로는 항구에서 해변까지 약 3킬로미터였는데, 처음에는 동력으로 움직인 것이 아니라 소가 끄는 트럭(밀차)를 이용했다. 석탄을 가득 실은 4톤 트럭이 경사를 타고 해안까지 달리고 돌아오는 것은 소를 이용해 운반했는데. 월 5백 톤 양에 해당되었다. 이 레일은 1927년까지 사용되었고 후에는 증기기관차가 소를 대신했다.[13] 이 때가 1869년으로, 도쿄 신바시(新橋) - 요코하마(橫浜) 간 증기기관차(1872년)가 달리기 3년 전이었다. 그러므로 일본 철도사(鐵道史)에서는 이를 일본 최초의 철도라고 평가한다.

---

12) 메이지(明治) 초기에 이 지역에는 異人館이 많이 들어서 마을 사람과 즉석 국제교류도 활발히 이루어졌다. http://hokaido.yomiuri.co.jp/tanken_t011013.htm 도마리무라에는 가야누마탄광 외에 핫타리(發足) 탄광도 있었다. 핫타리 탄광은 후루우(古宇)군 소재 도마리무라와 이와나이(岩內)군 소재 핫카리무라(發足村)에 걸쳐 있는 탄광이었다. 홋카이도의 개척사시대에 발견되어 몇몇 광업주를 거쳐 1917년에는 북해도광업주식회사 소유가 되었다. 탄광부가 60명 내외였고, 매월 40톤 정도를 출탄하는 소규모 탄광이었다. 1921년에 휴산되었다.『泊村史』, 1967, 386쪽
13) 林えいだい,『筑豊・軍艦島』, 弦書房, 2010, 150쪽.

또한 탄광은 운송을 위한 인프라가 수반되어야 한다. 1872년 여름, 그동안 목조운송선이 유일하던 가야누마 바다에 증기선 가이운마루(開運丸)가 처음으로 모습을 드러냈다. 해변과 앞바다에 떠있는 배를 연결하는 작은 배가 가마니의 석탄을 옮기며 활기차게 왕복했다. 하역운임이 1톤당 1엔 50전이었지만 작업은 봄에서 가을까지만 가능했다. 겨울은 기상 문제로 석탄을 운송할 수 없었기 때문이다. 이런 상황에서 탄광의 큰 발전은 기대할 수 없다고 판단한 개척사 고문 케브론의 보좌관 토마스는 1871년에 항구 건설을 개척사에게 건의했지만 실현되지 않았다.

"가이운호(開運丸) 취항에 이어 1879년에 미쓰비시 회사의 제1, 제2 이시카리호(石狩丸)가 오타루에서 회항하게 되었고 이와나이호(岩內丸. 44톤)의 인양선도 만들어졌지만, 여름에만 하는 출하작업으로는 진도를 따를 수 없었다. 서해안이 홋카이도의 중심이었을 때는 입지조건도 좋아서 각광을 받았지만, 1882년에 데미야(手宮)↔호로나이(幌內)선이 개통되고 호로나이 탄산이 운송상 우위성을 발휘하기 시작하면서 가야누마탄광이 쇠퇴한 것은 당연한 일이었다." [《北海道新聞》1964년 4월 2일자 茅沼物語(2)]

가야누마탄광은 처음에 막부가 직접 경영했으나 메이지(明治) 정부가 들어서면서 정부가 경영하다가 민간에 이양했다. 시기별로 운영 주체의 변천에 대해 살펴보면 다음과 같다.

●● 〈그림 2〉 가야누마탄광 경영의 변천

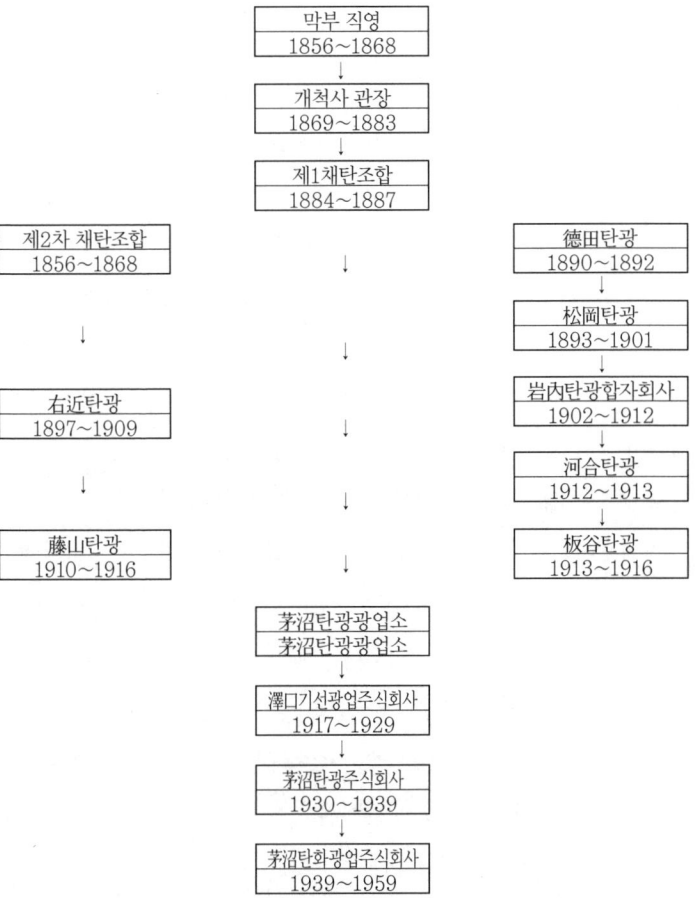

가야누마탄광은 1856년부터 1868년까지 막부가 운영했고, 1884년~1887년간은 무사이(武井), 나가하마(長濱)가 제1채탄조합

을 결성해 운영했다. 특히 1869년에 개척사 시기로 이어지며, 관영이 폐지되기까지 15년간 석탄채굴의 기초 확립기라 할 수 있는 과정을 밟았다.

그러나 이 시기에 탄광은 폐지된 적도 있었다. 가야누마의 양질탄을 1톤이라도 많이 산출하라는 사명을 받고 가야누마로 온 이치지(伊地知季雅) 개척 주전主典은 1874년 부임과 동시에 탄광경영에 정열을 쏟아 신갱구新坑口를 열었다.[14] 환풍기를 설치하는 등 설비개량을 이루었지만 단속斷續적인 탄층, 상당히 높은 갱내 온도가 해결 되지 않은 상태였으므로 사고가 이어졌다. 1879년에 화약고가 폭발했고, 1881년에는 이계포伊季舗 제2층의 화재가 일어났다. 1883년 1월 개척사 폐지와 동시에 탄광 사무는 중앙 공부성工部省으로 옮겨졌고 거기서 냉정한 평가를 받아 가야누마탄광은 폐지되었다.

가야누마탄광이 문을 닫자 탄광의 석탄을 이용하던 후지철(富士鉄)은 무역자유화로 가야누마탄 보다 싸고 질 좋은 것이 들어왔기 때문에 폐산은 환영할 일이라고 여겼다. 그러나 이와나이와 후루우군 관내 4개 마을의 학교 및 사업소와 저소득층이 곤란해졌다. 이 지역 사람들은 폐광으로 인해 화력이 좋고 값싼 석탄(가격이 톤 당 4천엔 정도)을 사용할 수 없게 되었기 때문에 가계에 타격이 매우 컸다. 이를 해결하기 위해 가야누마 마을 사람들은 "최근 장작 대신 석탄이 어민의 연료가 되었다. 탄산이 폐지되면 곤란하기 때문에 탄산(ヤマ)의 시설을 빌려서 채탄할 수 있게 해주길 바란다."는 내용으로 정부가 버린 탄산의

---

14) 그는 1878년 겨울에 43세라는 젊은 나이에 병으로 사망했다. 《北海道新聞》 1964년 4월 2일자 茅沼物語(2)

채굴 출원서를 제출했다. 정부는 이를 승인하고 1884년에 가야누마 탄산채탄 조합을 허가했다. 이로써 약 40년간 계속된 민영난립시대의 서막이 열렸다.[15]

1888년부터 1896년간 나가하마가 중심이 되어 제2채탄조합을 결성해서 운영을 하다가 우콘(右近)탄광과 후지야마(藤山)탄광을 비롯한 8개 탄광이 운영 주체를 이루었던 시대가 있었다. 그리고 통합이 되어 1916년부터 1917년까지 짧은 기간 동안 가야누마탄광 광업소가 경영했고, 1918년부터 1929년까지 사와구치(沢口)기선광업주식회사가 운영했다. 그 후 가야누마탄광주식회사(1930~1939년)를 거쳐 가야누마 탄화광업 소속이 되었다. 사와구치(沢口庄助)는 가모에나이(神恵内)촌 출신의 어업가로서 제1차, 2차 탄광조합에도 참가하고, 이미 1889년에 이와나이 기선주식회사를 설립하여 석탄적출용 기선기업을 경영하고 있었다.[16]

1920년에 일시 휴산해 137명을 해고하는 등 인원정리를 한 후 1921년부터 가동을 재개하기도 했다.

비록 채탄은 다시 시작했지만 상황은 완전히 회복되지 않았다. 경영 내용도 대기업 탄광이 합리화를 단행하고 있는 것에 비해 가야누마는 여전히 기선을 주主로, 탄광을 종從으로 하는 방침을 취하고 있었기 때문이다. 일본 최초의 철 레일 위를 소를 이용해 탄 운반을 하던 광차가 1927년이 되어서야 기관차로 바뀔 정도였고 석탄은 여전

---

15)《北海道新聞》1964년 4월 4일자 茅沼物語(3)
16) 北海道開拓記念館,『明治初期における炭鉱の開発— 茅沼炭鉱社会における生活と歴史』(北海道開拓記念館調査報告 第1号), 1972, 3쪽

히 거룻배로 바다에 쌓아두고 있었으며 겨울에는 휴업 상태였다. 이 정도로는 1927년의 경제공황 이후 경제난을 극복할 수 없었다. 그러는 사이 기선회사도 문을 닫자 사와구치는 탄광을 포기했고, 1930년 3월 21일 사장이라는 이름밖에 없었던 사와구치의 실권은 하코다테의 고노 신이치로(小能信一郎)가 투자한 가야누마탄광주식회사로 넘어갔다.[17]

그러나 이와 같은 어려움 속에서도 사와구치(沢口)기선이 경영하던 시기인 1925년 이후 폐산에 이르기까지 주요 갱도였던 제1갱도(본갱)가 개광했다. 처음에는 가야누마 ↔ 이와나이 사이에 철도를 놓는 계획이 논의되었다. 그때 이미 이와나이는 마을 재정을 들여 축항을 완성(1910년)하였고 철도부설의 측량도 끝냈으며, 발기인회發起人會에서 경비의 부담을 정하는 것만 남았으나 마을 사람 두 세 명의 반대로 계획은 좌절되었다. 철도부설안을 대신해 나온 것이 삭도索道안이다.

가야누마탄광은 삭도건설사업을 개시하기로 하고, 1930년에 측량을 시작해 공사는 다음해 1931년 11월에 완성했다. 가야누마 ↔ 이와나이 간에 가로놓인 핫타리(發足)의 산을 하나 넘어 거의 직선으로 연결된 10킬로 사이사이에 버팀목을 세운 형태였다. 이 삭도는 하루에 350톤 정도를 운반했다고 하며 탄광에서 이와나이항 도착까지 시간은 1시간 40분 정도 걸렸다고 한다. 이 삭도는 1947년에 일부 구간이 끊겨 그 후부터는 철도로 바뀌었고, 선창은 1954년의 이와나이 대화재 때 소실되었다.[18]

---

17) 《北海道新聞》 1964년 4월 5일자 茅沼物語(4)
18) 《北海道新聞》 1964년 4월 7일자 茅沼物語(5)

2. 아시아태평양전쟁과 가야누마탄광

1930년, 경영 주체가 가야누마탄광주식회사로 바뀐 이후 전시체제에 돌입하면서 당국의 요구에 따라 출탄량이 증가하여 1933~1937년에는 월 10,000톤을 달성했다. 1937년에 일본 정부는 석탄증산 5개년 계획을 실행하고, 증산은 물론이고 수요를 충당하기 위한 증송增送에 역점을 두었다. 이를 위해 상공성에서는 기존탄광의 증굴增掘, 휴갱의 부활, 신갱의 개착 등 활성화방안을, 석탄광업호조회에서는 '전국 잉여 노동력의 할당에 관해 군수요원과 탄광 간 조정을 도모, 취업노동시간의 제한 완화, 심야업의 금지 완화, 유년공의 입갱 허가, 여성노동자의 갱내노동 허가' 등 5개항의 노동대책을 각각 마련했다. 1938년 7월에는 군수생산력 확충을 위해 석탄생산통제협의회와 석탄배급통제협의회를 신설하여 탄가를 통제하고자 했고, 정부 차원의 수급통제계획도 수립했다. 그럼에도 탄가가 상승하자 9월에는 ㈜가야누마탄광을 비롯한 기업에 대해 탄가인하 조치를 강구하는 내용의 처분명령을 내리기도 했다.[19]

1940년에 석탄업계는 증산장려금과 신갱개발조성금 교부령으로 혜택을 얻고 가야누마는 양질의 제철원료탄을 산출하여, 원료탄광으로 지정을 받았다. 이 같은 상황 속에서 가야누마탄광은 매수보상금, 증산장려금, 신갱개발조성금 등을 계상해 증산에 힘쓰면서 어떻게 해서든 이 국면을 타개하려고 했다. 그 과정에서 ㈜가야누마탄광는 일본특수 코크스(coke)회사를 합병 흡수해 코크스 제조, 판매를 겸영하게 되었다. 석탄 코크스산업을 통일해 능률 증진을 도모하고자한 조

---

19) 久保山雄三, 『日本石炭鑛業發達史』, 公論社, 1942, 145~148쪽

치였다. 1940년 8월 15일, 합병이 이루어짐으로써 가야누마탄광주식회사는 ㈜가야누마탄화광업으로 바뀌었다.[본사는 도쿄] 합병한 가야누마코크스는 1943년 10월 전력증강기업정비요강에 의해 발전적 해체를 강요받고, 시설 일체는 중요산업부문에 전용 공출되었다.[20]

〈표 2〉에서 본 바와 같이 가야누마탄광은 전시체제기에 연간 10만 톤을 상회하는 정도의 출탄량을 지닌 소규모 탄광이었다. 그러나 일본이 아시아태평양전쟁을 일으키면서 상황은 달라졌다. 일본 전시체제기에 가야누마탄광을 둘러싼 외부 변화를 살펴보면 다음과 같다.

1931년 만주사변 이후 정부는 전시산업으로서 중공업과 화학공업의 약진을 위해 적극적인 석탄증산장려에 개입하여 광업보국회운동을 일으키고 석탄배급규칙을 공포하는 등 석탄증산을 기획하고 있었다. 이와 같은 정부의 석탄증산장려와 석탄 수용증가에 응답하기 위해 가야누마탄광에서도 1936년 이후 본격적인 검토가 진행되어 1937년부터 45만 톤 증산계획이 시작되었다. 이후 비약적 증산에 이르게 된다.

45만 톤 증산 계획은 석탄증산의 첫 단계 기획이었다. 1936년 2월에 시작하여 1937년 1월 말까지 1년간에 걸쳐 그 목표를 달성할 수 있었는데, 평균 연 생산이 15만 7,970톤이라는 점을 볼 때 최고 출탄기록이다. 이를 위해 신갱 개착과 갱도 및 굴장 정비에 힘을 쏟았다. 그리고 콜픽과 드릴, 모자안전등을 사용하기 시작하는 등 다양

---

20)『泊村史』, 1967, 388쪽

한 방법으로 채탄능률 증진에 힘썼다. 증산을 위해 광부 증원을 계획해 광원주택 40호를 증축하고 인접광구 300만 평을 매수하여 그 외 250만 평의 시굴광구를 설정했다. 이것으로 인해 가야누마 탄전의 전부를 광구로 활용할 수 있게 되었다.[21]

일본정부는 1937년 5월 석탄광업 연합회에 대해 증산 5개년 계획에 대해 자문했다. 이 답신에 의해 이후에 석탄증산장려에 착수하게 되었다. 자문 내용에 따라 군수 및 제철용 석탄을 제외하고 석탄배급에 티켓제를 채용하게 되었고, 9월 15일에 '석탄배급통제규칙'이 공포되었다. 중일전쟁이 확대되면서 광부의 징병이 계속되고 그로 인해 노무자가 부족하게 되었다. 1939년이 되자 정부는 '종업원고입제한령'을 공포하여 노동력을 확보하고자 했다. 1940년에는 '석탄증산장려금 교부규칙'을 공포하고 연이어 '석탄산 신갱 개발조성금 교부규칙' 등을 공포하는 등 일본 정부는 탄광 육성에 힘썼다. 판로의 확보를 위해 일본석탄주식회사에 의해 전국 석탄을 한 번에 매입해 판매하는 국책통제회사가 설립되었다.

1942년 이후 자재부족, 광부충족 사정의 악화, 특이한 노동력 구조, 식량난, 출탄량 감소경향을 보였다. 이는 붕괴 직전의 전쟁경제체제가 그 원인이었으므로 필연적인 것이었다. 1943년 3월 18일에는 '전시행정직권특례'를 칙령으로 공포하여 철강, 석탄, 경금속, 선박, 항공기를 5대 중점산업으로 규정하고 증산에 힘썼다. 1941년 12월, 일본의 미국 진주만 공격으로 태평양전쟁이 일어나자 전쟁 전

---

21) 泊村敎育委員會·泊村史編纂委員會, 「泊村史」, 1967, 386쪽

후부터 계속되는 소집영장으로 감산減産 경향이 강해졌다. 가야누마는 대기업 탄산의 급속한 합리화로 인한 노무자 차출로 433명이던 갱내 직원이 273명으로 줄어 경영위기 현상을 나타냈지만, 정부의 지원으로 조선인노무자를 대량 획득하여 증산유지가 계속되었다.[22] 1944년에 들어서면서 전국戰局은 암흑상태가 되었다. 물자는 고갈되고 식량난과 사회사정은 급박하게 돌아갔다. 석탄증산은 늦출 수가 없었으므로 더욱 증산을 요구하게 되었다.

1943년 3월 18일에는 '행정사찰규정(칙령 135호)'이 공포되었다. 그 내용은 '전쟁수행을 위한 행정운영의 적정화를 위해 행정사찰'(제1조)을 하도록 하고, '사찰은 생산력 확충에 관한 중요 정책의 구현 상황'(제2조)을 하도록 규정했다.[23] 1943년 7월 23일, 이 규정에 따라 가야누마탄광도 행정사찰을 받은 결과, 이미 절차를 밟고 있었던 '제철용 원료탄 지정 건'의 적용을 받게 되었다. 그 결과 가야누마탄은 제철용 원료탄으로 강점질성이 높이 평가되어 각 방면에서 석탄증산을 위해 많은 지원을 받을 수 있게 되었다. 또한 그로 인해 석탄 매수 가격이 향상되게 되어, 원료 탄산으로 지정되는 우대를 받게 되었다.[24]

가야누마탄광에서 채탄하는 석탄은 유산[硫酸. 유황분]이 많이 섞여 있지만 특이하게도 코크스 제조용으로서 뛰어난 발열량을 가진 점결탄, 중간 정도의 점결탄 및 가정용탄으로서 좋은 부점결탄 등

---

22) 《北海道新聞》1964년 4월 8일자 茅沼物語(6)
23) 아시아역사자료센터 소장 자료(http://www.nhk-jn.co.jp), 외무성사료관 자료, B02032973200
24) 泊村教育委員會·泊村史編纂委員會,『泊村史』, 1967, 387쪽

이 함께 매장되어 있다. 사갱斜坑으로서 탄층 상태는 대체적으로 양호하고, 각 탄층의 모암母巖, 즉 약암·사암·항암 등은 대체적으로 짜임새가 좋아 갱도에 많은 갱목이 필요 없는 장점을 갖추고 있다. 그 외에 가스가 적고, 용수用水가 적은 점, 갱내 천정과 바닥의 짜임새가 좋은 점, 탄층의 수가 많고, 각 층이 두꺼워 채탄이 쉬운 점, 단층 및 습곡이 적은 점 등도 다른 광산에서 볼 수 없는 장점이다.[25]

이로 인해 당시 일본 탄광계에서는 '특수사정의 탄광' '특이한 탄광'으로 평가받기도 했다.

특히 1920년대 초반, 가야누마탄광은 경영자가 난립하는 가운데 소규모 채탄이 계속되었다. 1920년대 중반 이후에는 발파채탄도 수굴手堀에서 기계채탄으로 바뀌었고, 선탄기·배수시설·통기시설도 정비했다. 채탄뿐만 아니라 갱구에서 해안까지 석탄운송방법도 개선했다. 개광 당초에는 갱도를 이용하여 소, 말을 이용해서 운반했으나 시간이 많이 걸리고 해안에서는 부艀에 의한 하역이 필요했다. 이러한 운반방법은 비능률적이고 탄광발전에도 큰 과제로 남았으므로 1920년대 중반에 이르러서 기술적으로 가능한 운탄運炭시스템을 변혁하게 되었다. 가야누마 탄전은 우수한 탄질과 안정된 판로販路도 갖추고 있었으나 알려진 탄광은 아니었다. 그다지 이름이 알려지지 않은 원인은 수송문제 때문이었다. 즉, 가야누마탄광 갱구 및 선탄장에서 서쪽의 가야누마 해안까지는 가야누마강을 따라 적당한 경사가 있고, 이곳에 경철輕鐵을 설치하여 용이하게 탄을 운반할 수 있었

---

25) 北海道炭礦汽船株式會社, 『茅沼炭鑛』, 1930, 7쪽

다. 1920년대 중반까지 해안으로 석탄을 운송하는 방법은 갱구에서 해안까지는 운탄궤도를 이용하고, 해안에서 거룻배[はしけ. 수송배]에 의해 석탄을 적출했다. 이는 1869년 이후 해안까지 건설된 약 3km 규모의 궤도를 이용해 석탄을 운반하고, 해안 가까운 저탄장貯炭場에서 거룻배를 이용하여 본선에 적재하는 석탄반출 시스템이다. 운탄 수단으로 초창기에는 소나 말을 이용했고, 1926년 이후에야 증기기관차로 운반을 했다. 이 노동에 종사하는 사람들은 각각 운탄계運炭係, 수송부(はしけ部) 조직으로 통일되어 있었다.[26]

그러나 가야누마 해안에서 이와나이항까지 하코다테 방면의 해안수송은 쉽지 않았다. 동절기는 석탄 수요기임에도 불구하고, 계절의 영향으로 적출積出을 할 수 없었다. 탄광회사는 이와나이 및 가야누마에 큰 저탄장을 가지고 있는 것도 아니었으므로, 겨울철에는 채탄을 중지할 수밖에 없었다. 여름철에도 기상예측을 할 수 없어서 화물선박은 항해를 주저하는 일이 많았기 때문에 겨울철의 석탄 운반은 더더욱 생각할 수 없었다. 설령 저탄貯炭을 할 수 있다 해도 가야누마탄은 유황 성분이 많기 때문에 자연발화를 일으킬 위험이 있었다.[27]

이러한 점은 석탄증산에 직접적인 영향을 미쳤다. 가야누마탄광의 연 채탄양이 3만 톤 정도인데, 유출방법이 뒷받침되지 못함으로써 저탄양이 늘어나고, 증산을 할 수 없게 되었기 때문이다. 그

---
26) 北海道開拓記念館, 『明治初期における炭鉱の開発 - 茅沼炭鉱社会における生活と歴史』(北海道開拓記念館調査報告 第1号), 1972, 4쪽, 8쪽
27) 北海道炭礦汽船株式會社, 『茅沼炭鑛』, 1930, 7쪽

러므로 이 문제를 해결하기 위해 해당 기업은 선탄장을 최신 기계 설비로 보강하고, 1931년에 가야누마 ↔ 이와나이 육로 10Km 사이에 삭도[索道.화물운송용 케이블]를 건설하고 가공철책 설치 계획을 세우며, 이와나이항의 석탄적출 전용 잔교[桟橋]를 완성하는 등 보완책을 마련하기도 했다.[28]

1920년대 초반부터 연안의 청어 어획고가 감소하기는 했으나 1920년대 중반까지 가야누마 지구는 전체적으로 어촌 집락[集落]의 성격을 띠고 있었다. 이것은 이 시기까지 청어 어획 시기에 탄광의 선탄부가 청어가공에 고용되었던 사실에서도 알 수 있다. 따라서 탄광지구는 다른 탄광지구와 달리 탄광주택밀집지역은 거의 보이지 않고, 갱구 주변으로 고작 갱부의 나가야[長屋. 긴 형태의 판자집]가 존재할 정도였다. 어업을 특징으로 하는 가야누마 지구의 경제활동 특성은 연안 어업의 흥망성쇠에 따라 탄광업에도 영향을 미쳤다. 1920년대 중반부터 홋카이도 연안의 청어잡이가 금지됨으로 인해 어업이 타격을 받자 어업이 마을(村)의 생산 활동에 큰 비중을 차지하고 있던 어촌인 가야누마 지구가 탄광 집단마을로 변하게 된다.

일반적으로 탄광자본의 지위는 그 규모에 의해 일정한 규모의 탄광촌을 형성하고, 거기에 특징 있는 탄광사회가 전개된다. 가야누마탄광 사회의 움직임은 1920년대 중반에 크게 변화한다. 이 시기는 탄광으로 발전하는 시기인데, '현지 출신 광부'를 중심으로 소규모 채굴이 행해진 1920년대 초반까지 가야누마탄광은 마을의 규모

---

28) 北海道開拓記念館,「明治初期における炭鉱の開発-茅沼炭鉱社会における生活と歴史」(北海道開拓記念館調査報告 第1号), 7쪽

도 작았고, 가야누마 지구도 어촌의 성격이 강해 어장의 풍속과 습관이 탄광사회에도 영향을 미쳤다. 이 시기에는 외지인의 유입인구가 많지 않았으므로 기존 촌락 사회의 특성을 유지할 수 있었다. 그리하여 사람들의 생활과 기풍도 다른 탄광에 비해서 온화하고 안정적이었다.[29]

가야누마 지구가 탄광 마을로 변하게 된 원인에는 탄광기술의 발달과 채탄율의 증가가 영향을 미쳤다. 그동안 뒤쳐진 탄광기술과 시설에 변화가 보이기 시작한 것이다. 채탄 방식에서는 덧쇠[切羽. Seppa. 셋빠. せっぱ. 칼의 장식품 일종]를 사용하다가 점차 정크해머, 전기드릴, 콜피크[コールピック. 압착공기에 의해 운전하고 鑿부분의 충격에 의해 석탄과 암석을 부수는 기계][30]를 사용하기 시작했다. 비능률적인 채탄시스템인 수굴手堀채탄도 변화를 가져와, 1930년경부터는 개인 작업방식에서 7~8인을 한 팀으로 한 팀 작업방식체제로 바뀌었다. 그 결과 1910년대 까지 운영되던 전통적인 갱내 노동조직은 해체되고 도입된 채탄기술에 맞는 조직으로 재편성되었다.

가야누마탄전에는 사키야마(先山), 아토야마(後山) 갱부조직에서 나타나는 갱내 노동조직을 바탕으로 한 광부 사회가 형성되어 있었다. 갱내에서 채탄기술 교육을 매개로 한 광부 상호부조조직인 도모코가이(友子會) 등도 유지되었다. 이러한 도모코(友子)조직은 1920년대 중반까지 전성기였다. 원래 긴 기간에 걸친 전통적 수굴채탄을 바탕으

---

29) 北海道開拓記念館,『明治初期における炭鉱の開発ー 茅沼炭鉱社会における生活と歴史』(北海道開拓記念館調査報告 第1号), 4쪽, 16쪽.
30) 財團法人 石炭エネルギーセンタ,『石炭現場用語解説集』, 2002, 16쪽

로 갱부사회에는 광산 특유의 도모코가이 활동이 번성했다. 그러나 채탄방법이 수굴채탄에서 기계채탄으로 비중이 옮겨감에 따라 도모코가이 조직도 영향을 받지 않을 수 없게 되었다.

착암기鑿巖機가 도입된 것은 1940년경이어서, 1930년대 탄광 기술수준과는 큰 격차가 있었다. 권양기 시설은 1930년, 증기력에서 전기력으로 바뀌었고, 선탄選炭설비로는 1930년에 기계선탄소를 신설했다. 그 외 이 시기의 생산력 발전을 나타내는 것으로 배수용 펌프의 증설, 배기용 선풍기 신설, 수력발전소 건설 등이 있었다. 이러한 1935년 전후의 탄광 발전은 가야누마 지구가 탄광집단촌으로 성격을 분명히 하는데 도움이 되었다.[31]

1920년대 중반 이전 가야누마 지구의 촌락구성은 어장개발로 해안에 접한 지구가 시가지를 형성한 반면, 탄광지구는 석탄채굴지구 주변에 약간의 주택이 존재하고, 탄광지구와 시가지구 사이는 거주지가 없었다. 가야누마 탄전은 어업을 중심으로 하는 지역의 특성상, 탄광집단촌의 형성이 늦은 지역이므로 탄광주택(炭住)은 다른 탄전과 달리 초기부터 갱구 주변에 소규모로 형성되어 있었다. 1930년에도 탄광주택은 나가야(長屋)가 10동 정도 있었을 뿐이다. 그 후 어장에서 탄광으로 이동하는 종사자의 인력 추이에 따라 탄광주택이 증가하고, 1930년부터 수년간에 걸쳐 구매소(1933년), 탄광약국(1937년), 직원합숙소(1937년)등이 문을 열었다. 구매소가 일용품 취급을 시작하기 전에는 탄광 지정 매점이 운영되었다.

---

31) 北海道開拓記念館,「明治初期における炭鉱の開発- 茅沼炭鉱社会における生活と歴史」(北海道開拓記念館調査報告 第1号), 1972, 4쪽, 16쪽

1935년 이후에는 일정한 탄광주택을 건설함과 동시에 회사의 직할료(直轄寮), 함바(飯場), 다코베야, 조선인 노동자 료[寮. 기숙사] 등을 건설한 것이 이 시기 가야누마탄광지구의 특징이다. 함바는 광원을 모집해서 탄광에서 기숙생활을 관리했는데, 여기에는 나루시마구미(成島組)와 스가와라구미(菅原組)가 운영한 료(鶴谷寮, 至誠寮 등)가 있었고, 회사료[愛国寮, 民生寮] 등이 있었다.[32]

다코베야(タコ部屋)는 원래 죄수나 빚을 지고 차용금을 갚기 위해 몸을 판 사람들을 가두어둔 징벌방인데, 조선인들 중에서는 탈출 경력이 있거나 생산량이 부실한 광부들을 가두었다고 한다. 다코베야는 숙소를 자물쇠로 잠그거나 야간에 불침번을 세워 도주를 방지하기 위해 감시하는 것이 특징이다.

그림2. 다코베야의 모습 (林 에이다이 사진, 『청산되지 않은 昭和』, 岩波서점, 1990, 36쪽)

다코베야의 어원語源은 여럿이다. 다코タコ란 일본어로 문어를, 헤야部屋란 방을 의미하는데 합한 발음이 다코베야이다. 다코베야의 첫 번째 어원은 문어를 잡는데 사용하는 항아리처럼 한번 들어

---

32) 北海道開拓記念館, 『明治初期における炭鉱の開発－ 茅沼炭鉱社会における生活と歴史』(北海道開拓記念館調査報告 第1号), 5쪽, 21~22쪽

가면 빠져나올 수 없다는 의미이고, 두 번째는 이 같이 빠져나올 수 없으므로 문어가 먹을 것이 없으면 제 다리를 잘라 먹어 살아남듯이 자신의 몸을 팔여 살아야 한다는 의미이다. 세 번째는 타지에서 알선업자에 의해 모인 노동자(他雇, 다코)라는 의미이고, 네 번째는 노동자가 항상 도주의 기회를 노리며 도망치는 발걸음이 빠르기 때문에 실이 끊어진 연(タコ)에 비유하는 말이라고 한다. 생존자의 해석은 또 다르다. '사람을 뼈가 없어질 정도로 두드려 패서 일을 시킨다'는 뜻이라고. 모두 강한 통제를 의미하는 어원이다.[33]

1930년대 중반, 일본의 석탄광업은 전시체제 산업 활동의 에너지원 공급부문으로서 중요한 위치를 점유하고 있었다. 그러나 이러한 국가의 요청에 기초한 각 탄광의 증산 제일주의는 많은 탄광 노동자, 조선인, 중국인 노동자 또는 그 가족에게 큰 부담을 주었다. 이들에 대한 전시체제하 탄광 노동과 생활은 가혹한 것이었다.

가야누마탄광의 출탄량은 1937년 이후 감소하였음에도, 1938~1944년이라는 기간 동안에 100,000 ~ 130,000톤을 기록하고 있다. 1937년 중일전쟁을 시작으로 태평양전쟁에 돌입한 시기에는 근로보국대를 편성해, 전시 중 용선用船의 하역 능률을 높였다. 또한 이 시기 가야누마탄광의 출탄량은 연간 120,000톤에서 160,000톤으로 증가했다.[34]

특히 이 기간에는 가야누마탄이 가진 강점결성強粘結性이 제철원

---
33) 정혜경, 『조선청년이여 황국신민이 되어라』, 서해문집, 2010, 239쪽
34) 北海道開拓記念館, 『明治初期における炭鉱の開発- 茅沼炭鉱社会における生活と歴史』(北海道開拓記念館調査報告 第1号), 14쪽

료탄으로써 높이 평가되어, 가야누마는 전시 중 난굴乱掘이 특히 심했던 지역이었다. 1930년대 중반에는 이미 채굴된 본갱, 호도쿠(宝徳)갱 이외에 주요 갱도로 제2사갱(1937년), 제3사갱, 제3수평水平갱(이상 1940년)을 신설했다. 그러나 이와 같이 곳곳에 갱도를 신설하여 난굴한 것은 전후 합리적인 채탄계획을 진행하는데 큰 장해가 되었다.

현재 가야누마탄광터에서 이곳이 과거에 탄광이었다는 흔적을 찾기 어렵다. '즈리[탄광에서 탄을 캔 후 버려진 폐석이 쌓여서 산을 이룬 것을 의미. 일본 규슈(九州)지역은 보타야마라고 부르기도 함]'라 불리는 폐석廢石산이 우뚝 솟아 있기는 하나 설명없이는 그 산이 '즈리'인지 알 수 없다.

그림3. 가야누마탄광의 즈리야마 : 선탄 후 질이 나쁜 탄을 버린 곳. 풀이 없는 돌산이 즈리야마임을 보여주고 있다. (2009년 7월 촬영. 진상조사보고서, 104쪽)

다섯 개의 갱구 가운데 현재 확인된 곳은 제3사갱斜坑이다. 경사가 23-25도 정도로 완만한 기울기의 사갱(경사굴)인데, 현재 남은 갱구의 입구는 콘크리트로 만들어져 있다. 오랜 시간 관리가 되어 있지 않아서인지 굴 안에는 전자제품 등의 폐자재가 버려져 있었고 박쥐가 서식하고 있다. 현지인들 이야기로는 이 갱구 주변으로 높이 600m의 권양기가 있었는데, 이후에 아사히(朝日)탄광으로 옮겨졌다고 한다.

그림4. 가야누마탄광 제3 사갱 흔적(2009년 7월 촬영. 진상조사 보고서, 9쪽)

가야누마탄광은 회사 노무관리도 엄격하여 노무계는 탄부들을 막장으로 들여보내는 일에 주력했다. 탄광청년단에서도 탄부의 출석율 향상을 하나의 중요한 임무로 담당하고 있었다. 가야누마탄광이 펴낸 『개광백년사』를 통해 가야누마탄광의 노동자수를 살펴보면, 1936년 12월말 갱내부 재적수는 202명이고, 1937년 3월 말 갱내부 재적수는 217명이었다. 특히 1937년 5월경에 출탄이 감소한 이유에 대해 『개광백년사』는 '종업원 부족'을 지적하고 있다. 이 시기 채탄, 굴진 출가율出稼率이 80%였는데, 7월에는 지주부支柱夫 출가율이 63%로 최악을 나타냈다. 회사 측은 이를 해결하기 위해 아키타(秋田)방면과 조선에서 인력을 모집하기로 했다.

많은 탄부들의 가혹한 노동과 함께, 전시체제하 탄광 노동에서 주목해야 하는 점은 강제동원된 조선인, 그리고 '감옥방(監獄部屋)'으로 불리는 '다코베야 노동자'의 열악한 노동실태이다. 1939년부터 동원된 조선인은 1943년 6월에는 640명으로, 일본인(509명) 수 보다 많았다.

그리고 일본이 패전에 임박한 전쟁말기인 1944~1945년에는 갱내원의 약 4분의 3을 조선인이 점유하는 기형적인 구조였다. 소라치(空知) 지방에 본사를 둔 '가와구치구미(川口組)'에 소속된 노무자들은 1939년경 이후 항상 70~80명을 유지했는데, 조선인들은 봉두棒頭, 세화역世話役의 감시 아래 채탄보다 주로 새로운 갱도를 뚫는 힘든 노동에 동원했다. 이들은 일본인 회사 광원과 다른 노무조직을 통해 관리했다.[35]

---

35) 北海道開拓記念館, 『明治初期における炭鉱の開発― 茅沼炭鉱社会における生活と歴史』(北海道開拓記念館調査報告 第1号), 5쪽.

# 4장 가야누마탄광과 조선인 강제동원

1. 가야누마탄광에 입산한 조선인 현황

일본은 1931년 만주사변을 통해 아시아태평양전쟁의 서막을 열고, 1937년 중일전쟁 발발을 기점으로 총동원체제를 가동했다. 전선의 확대와 전쟁 목적을 위해 모든 인적, 물적 자원을 동원하는 총동원체제는 전시경제통제와 자원의 총동원이라는 두 기둥에 의해 운용되었다. 병력의 조달은 물론이고, 군수품과 연료, 지하자원을 생산 조달할 인력도 전쟁을 수행할 필수적인 인력이었다. 수적으로는 전자(병력)에 비해 후자(산업군)가 다수를 필요로 했다. 일본에서 군수품을 조달하는 산업군은 최소한 병력의 12~13배가 필요하니, 100만 명의 병사가 전선에서 싸우기 위해서는 1200만~1300만 명의 인력을 생산에 투입해야 한다는 결론이 나온다.

산업군의 동원은 생산력 확충과 직접 연결된다. 그러나 병력 조달을 위해 많은 청년들이 병력으로 동원됨에 따라 일본 국내에서 중견 숙련노동력이 상실되는 공백 현상이 불가피했다. 특히 1937년 중일전쟁 이후 중국전선이 확대되고 1938년 생산력확충정책을 실시한 이후 노동력 확보는 매우 시급한 문제가 되었다. 아울러 중화학공업 확충에 의한 급속한 노동력 흡인의 필요성이 증대되면서 일본 각지 작업장에서 노동력 부족 현상은 심각한 상황을 맞았다.

노동력 부족현상은 가야누마탄광에서도 예외가 아니었다. 가야누마탄광에서 노동력 부족현상은 이미 1937년 전반부터 나타나기 시작했다. 『개광백년사』에 의하면, '1937년 5월경 탄이 감소하는 이유는 종업원 부족이기 때문에 아키타(秋田) 방면의 모집과 조선모집이 강구되었다.(중략) 호도쿠(宝德)갱은 6월 하순부터 제1사갱은 7월 초순부터 가와구치구미 인부가 청원공사에 종사하기로' 했다.

이 같은 '종업원 부족=노동력 부족'이라는 사태에 따라 가야누마탄광측은 노동력 공급원을 훗카이도내에서 도외(道外)로 확대하고 그 가운데에서도 특히 식민지 조선에서 공급하고자 했다. 아울러 갱내작업의 일부를 가와구치구미(川口組)에게 하청을 맡기고 노동력 부족현상을 일시적으로 회피하려고 했다. 그러나 노동력 부족이라는 전국가적 과제가 석탄 기업의 내부 노력만으로 해결될 수 없었으므로 '1939년부터 조선인노동자의 도입, 보충과 하청노동자(組夫)'가 중심이 된 노동력이 채굴을 전담했다.[36]

일본 정부도 조선인노동자의 도입 필요성을 강하게 인식하

---

36) 茅沼炭鑛, 『開鑛百年史』, 101쪽

여, 1937년 말에 우선 일반도일조선인 노동자를 탄광노동력으로 동원할 방침을 세운데 이어, 1939년 7월에는 국가 총동원법을 근거로 결정한 중점적 5대 산업을 대상으로 당해 연도 노동자동원계획에서 소학교 졸업자, 농촌노동력과 함께 8만 5천 명의 이입 조선인노동자를 할당했다. 이를 위해 1925년 이후 실시되어 온 조선인의 일본 도일저지 정책을 대폭 변경하고, 이후 1945년 까지 일본의 '노동력 부족' 해소책의 일환으로, 국가 권력을 직접적인 매개자로 하여 식민지 조선의 민중을 조직적으로 동원했다. 가야누마탄광의 경우도 이와 같은 정부 방침에 따라 조선인이 입산하게 되었다.[37]

노무계 담당자였던 아쓰다니 마사오(厚谷正雄)의 회상을 통해 입산 경로를 살펴보자.

"가야누마탄광에서는 1939년경부터 조선인을 도입하게 되었다. 1941년부터 재차 조선인 모집을 위해 현지로 갔을 때 다음과 같은 순서로 조선인을 조달했다.

먼저 사전에 도청道廳을 통해 조선총독부에 노무자 모집 허가를 받아 둔다. 여기서 '노무자가 몇 명 필요한가' 하는 내용을 총독부에 신청하면 '0월 0일에 조선의 XX에서 모집노무자로 승선시킴' 이라는 명령이 온다. 승선일까지 3주간 정도밖에 여유가 없기 때문에 조선으로 직행하여 총독부-도청-군청-마을(면)이라는 경로로 노무

---
37) 松村高夫「日本帝國主義下における植民地勞働者」,『經濟學年報』10, 慶應義塾經濟學會, 1967, 제3절(北海道開拓記念館,『明治初期における炭鉱の開発- 茅沼炭鉱社会における生活と歴史』, 32쪽 재인용)

자의 모집지역 지정을 허가 받고, 마지막으로 면사무소(役場)에 노무자의 모집을 위탁해둔다. 나중에 지정된 승선일에 맞추기 위해 트럭으로 운송해서 군(郡)경찰서에 모아 놓고 신체검사와 명부작성을 하고 현지에서 구입한 작업복에 전투모자와 지카타비[작업용 신발]를 입혀 승선하도록 한다.

승선할 때 수상경찰이 입회하여 가명 사용 등으로 명부와 본인이 일치하지 않을 경우는 허가하지 않았다. 경상남도는 부산에서 관부연락선으로, 전라남도는 여수에서 각각 일본 시모노세키로 출발했다. 시모노세키에 도착하면, 기차로 이와나이까지 수송했고, 가야누마까지는 배로 이동했다.[38]

위 노무계 담당자 직원의 회상 내용을 보면, 사업주가 당국을 통해 필요한 조선인 노동력을 요청하고 조선총독부 당국에서는 도와 군, 면의 순서로 노무자를 조달할 지역을 할당해줌을 물론이고 관공서 직원과 경찰이 수송의 마지막 단계 까지 모두 관여함을 알 수 있다. 이러한 송출 과정은 당시 조선의 법령과 제도로 마련된 노무공출의 과정과 동일하다. 간단히 살펴보면 다음과 같다.[39]

□ 1단계(노동력 조사 및 등록 단계) : 조선총독부, 노동력 조사 및 등록을 실시하고 그 결과를 매년 노무동원계획에 반영

---

38) 松村高夫「日本帝國主義下における植民地勞働者」,『經濟學年報』10, 慶應義塾經濟學會, 1967, 제3절
39) 이에 대한 상세한 내용은 정혜경, 「조선총독부의 노무동원 송출관련 행정 조직 및 기능 분석」,『일본제국과 조선인노무자 공출』, 선인출판사, 2011 참조

□ 2단계(요청 단계) : 사업주, 신청수 결정하여 부현장관을 통해 모집 신청 → 후생성이 사정(査定)하여 조선총독부에 요청 → 조선총독부, 문서 접수

□ 3단계(노무자 동원 단계) : 조선총독부, 해당 도에 업무 하달 → 도 및 부,군,도(島)를 거쳐 읍과 면의 담당자(서기, 구장, 경찰서 및 주재소, 읍면 유력자) 및 관련 단체(총력연맹, 직업소개소[1940년에 설치되어 1943년 12월에 폐지. 조선직업소개소령 공포(1940.1. 제령2호), 시행규칙(1.20. 부령7호) : 노무수급사업 및 노무자모집 등을 인가하거나 허가제로 하는 외, 이들의 사업 또는 행위를 감독하여 노무의 배치를 국가목적에 합치시키는 일을 담당. 조선총독부 직업소개소 관제(공포. 1940.1.24)에 의해 국영직업소개소 설치. 종래 공영직업소개소 9개소 가운데 경성·경성·대구·부산·평양·신의주·함흥을 국영으로 이관. 1940년도에 대전·광주·청진에 신설], 조선노무협회[전국 13개도에 지부를 두고, 그 아래에는 직업소개소 존재 여부에 따라 직업소개소가 있는 지역에는 직업소개소에, 없는 지역은 부군도에 분회를 설치. 분회장도 직업소개소가 있는 지역은 직업소개소장이, 없는 지역은 부윤·군수··도사가 담당], 조선토목건축협회)에게 하달 → 각 읍면에서 노무자 선정 업무를 수행 → 부,군,도(島) 및 도를 거쳐 노무자 선정 결과를 조선총독부에 상신 → 각 읍면, 수송일정에 따라 송출 준비 완료

□ 4단계(수송 단계) : 조선총독부, 수송 업무 주관 → 수송관련 부서, 조선노무협회가 수송을 담당. 수송업무 수행 이후 조선총독부에 보고 → 조선총독부, 송출 해당 지역의 관련자(사업주,

부현장관, 후생성)에게 통보 → 현지, 조선인노무자 인계

부와 군에서 노무관련 업무는 서무과와 내무과, 그리고 서무계와 내무계가 각각 담당하고, 부군 이하 단위(읍면)에서 노무동원 업무를 담당한 부서는 노무계, 권업계(또는 산업계), 서무계, 병사계가 해당되었다. 노무공출을 위한 부서는 노무계와 권업계(산업계), 병사계가 해당되는데, 별도로 노무계를 둔 지역보다는 권업계(산업계)와 병사계가 업무를 병행하는 지역이 대부분이었다. 특히 읍면단위에서는 시국사무를 담당하는 구장[읍면의 吏員이지만 각 부락에 거주하면서 행정기관을 보조하는 존재]과 면서기가 노무공출 업무전담자로 알려져 있다.

전시에 가야누마탄광에 동원된 조선인 노동자의 현황은 어떠한가. 이에 대한 자료는 현재 [가야누마탄광희생자명부執荇認許證下付簿, 32명 수록)][40], 1945년 9월 도마리무라 역장이 조사한 ['선거권하조서'(탄광)][41] 등이 발굴되었다. 1950년 홋카이도립노동과학연구소가 간행한 [홋카이도탄광노동통계자료집성" Ⅱ , 노동편][42]에서도 유용한 자료를 활용할 수 있다. 이 가운데 몇몇 자료에 근거해 가야누마탄광에 동원된 조선인 노무자 현황을 살펴보면 다음과 같다.

---

40) 도마리무라 사무소(役場)가 소장하고 있는 매화장인허증을 노야마 유코(能山優子)가 직접 열람하고 작성한 필사본 자료
41) 이 자료는 1945년 9월 15일 중의원선거를 대비해 도마리무라에 거주하던 만 25세 이상(1920년 12월 19일 이후 출생자)의 남자를 기재한 명부이다. 구체적인 내용에 대해서는 진상조사보고서, 58~68쪽에 상세히 언급되어 있다.
42) 北海道開拓記念館,『明治初期における炭鑛の開發-茅沼炭鑛社会における生活と歷史』(北海道開拓記念館調査報告 第1号), 29쪽

<표 3> 가야누마탄광 인력 현황 (단위 : 명 / %)

연도	자료(1)		자료(2)		
	조선인이입 실제 숫자	조선인 현재수	총수	조선인	일본인
1929			285		
1931			373		
1933			451		
1935			575		
1938			793		
1939	130				
1940	276	130(5.6. 기준)	1,144		
1941	224	336(5월 말 기준)			
1942	348		1,472		
1942.3월말	630	436			
1942.6월말	630	364			
1943		658(5월 말 기준)	1,149	640(55.7%)	509(44.3%)
1944		825(5월 말 기준)	1,428	803(56.2%)	625(43.8%)
1945.6.		555	1,014	600(59.2%)	414(40.8%)
1945.7.			908	538(59.2%)	370(40.8%)
1946.3.			764		

⊙ 자료(1) : 朝鮮人强制連行實態調查報告書編集委員會, 『北海道と朝鮮人勞働者』, 1999, 166쪽.
⊙ 자료(2) : 1929~1938년, 1943~1946년은 북해도립노동과학연구소편, 『북해도탄광노동통계자료집성』Ⅱ · 노동편』, 1950년; 1938~1942년은 『가야누마탄광 조사요강』, 1943년.
1938~1942년은 직원 제외
1944년의 일본인은 '단기'임시부'를 포함한 숫자
1945년은 일본인의 '임시'(6월), '임시부'(7월) 포함
원자료의 통계상 오류는 인용 자료에 정정 기재
* 인용자료 : 北海道開拓記念館, 『明治初期における炭鑛の開発— 茅沼炭鑛社会における生活と歷史』(北海道開拓記念館調查報告 第1号), 1972, 30쪽.

<표 3>의 자료(1)에 의하면, 조선인 이입자수는 1942년(총 3회) 통계만 확인된다. 그 이후 시기의 이입자수는 알 수 없다. 자료(1)의 '조선인

현재수를 자료(2)의 숫자와 비교하면, 큰 차이를 보이지 않는다. 이입자수와 조선인 현재수의 차이는 이입과 귀환 및 이동 등 인구변동이 원인이었을 것으로 생각된다. 또한 1943년 이후 일본인과 조선인의 비율은 조선인이 점차 증가하고 일본인이 감소하는 현상을 보인다. 조선인 노무자는 전체 노동자의 60%에 달할 정도로 비중이 높았다.

이에 대해 구와바라(桑原眞人)는 1939년 이후의 통계에는 조선인수가 가산되고, 1943년부터 1945년에 걸쳐서는 재적노동자 이외에 임시부, 구미부, 청원부가 더해졌기 때문이라고 추정했다. 또한 당시 가야누마탄광에 근무하고 있었던 일본인 노동자의 증언에 의해, '전쟁이 끝날 무렵에는 갱부의 2/3를 조선인이 차지했고, 일본인은 1/3 정도였다.(1971년 8월 久(保豊治)씨로부터 청취)'고 기술했다.[43]

1943년 6월 현재 도내 47개 탄광의 조선인 입산율을 나타내는 통계를 보면, 가야누마탄광은 홋카이도 지역 탄광 평균치 36.7%를 상회하는 55.7%라는 수치를 보이는 탄광이다. 이 비율은 스에히로(末廣), 미루토(美流渡), 가모이(神威)탄광에 이어 홋카이도에서 조선인 가동율이 네 번째로 높다.[44]

그러나 여전히 가야누마탄광은 소수의 탄광부가 일을 하던 규모가 작은 곳이고, 홋카이도 탄광에 동원된 조선인에 비하면 조선인의 비율도 낮았다. 석탄통제회 삿포로 지부가 조사한 1942년 6월 말 기준 홋카이도 탄광으로 동원된 집단이입조선인 현재수는 51,068명이다. 이를 위 〈표 3〉의 같은 시기 가야누마탄광으로 동원된 조선인 현

---
43) 長崎在日朝鮮人の人權を守る会, 앞의 책(1986), 46쪽.
44) 진상조사보고서, 20~21쪽.

재수와 비교해보면, 0.71%에 불과하다. 1943년 5월 말 기준 통계도 0.74%로 별 다른 차이를 보이지 않는다.[45]

가야누마탄광에 조선인노무자는 2년 계약으로 100명 단위로 입산하는데, 이와 별도로 일본어를 이해하는 사람 1명이 대장격으로 오기 때문에 실제로는 101명이 된다. 이 대장격인 사람은 노무자가 가야누마에서 료 생활을 할 경우 일본인 료장 밑에서 조수 일을 한다. 일반적으로 기업이 조선총독부에 요청하는 인원수를 모두 할당받는 경우는 드문데, 가야누마탄광의 경우에는 항상 예정대로 100명을 채울 수 있었다.[46]

초창기에는 조선인이라도 한반도 북부 지역 탄광에서 일한 경험이 있거나 일본어가 가능한 사람들이 다수였다. 그러나 전시기에 입산한 조선인은 대부분 일본어가 통하지 않고 탄광 경험도 없어서 일이 쉽지 않았기 때문에 현장교육이 필요했다.

이를 위해 마련한 회사 측의 노무관리 방침은 '특히 반도인노무자에 대해서는 매주 2회 및 3회의 규율훈련 및 국어교육을 통한 황국민 육성에 힘쓴다'는 것이다. 또한 조선인에 대한 속성 직업 교육은 단지 '국어교육 [*일본어 교육을 의미]'에 그치지 않았다. 채탄 작업을 위해서는 언어가 소통되어야 했기 때문이다. '갱내 일을 사키야마급의 일본인이 10명 1조 단위로 반도인[半島人. 조선인을 지칭]에게 가르치고,

---
45) 桑原眞人, 「近代北海道史研究序說」, 北海道大學圖書刊行會, 1982, 313쪽, 표4-17
46) 松村高夫「日本帝國主義下における植民地勞働者」, 『經濟學年報』10, 慶應義塾經濟學會, 1967, 제3절(北海道開拓記念館, 『明治初期における炭鑛の開発- 茅沼炭鑛社会における生活と歴史』, 32쪽 재인용)

사키야마인 일본인이 반도인 5~6명을 아토야마로 해서' 작업했다.

구와바라가 작성한 보고서에 실린 아쓰다니(厚谷) 구술조사(1971년 11월 수집) 내용에 의하면, '이 일본어교육도 실제는 각 숙소(寮)에서 조선인에 대해 작업상 필요한 언어만을 가르친 정도였다.'고 한다. '탄광용어는 특수했으므로 현장에서는 혼란스러웠다.'는 이야기가 사실에 가까울 것이다.

아쓰다니는 특수한 용어의 예로서 '야기=갱도수리용 材(矢木), 足をおさえる=철도의 침목(枕木) 밑을 누르는 것' 등 두 가지 예를 들었다. 이러한 사례에서 알 수 있듯이 조선인들에게 일본어 교육과 함께 약간의 채탄기술교육도 실시했다고 생각된다. 이 같은 회사 주관의 실무교육을 통해 조선인들은 한층 더 '효과적'으로 혹사되었다.[47]

2. 강제노동 실태

구와바라가 당시 가야누마탄광에 근무했던 일본인 노동자를 대상으로 면담한 내용에 의하면, 가야누마탄광에 도입된 조선인의 처대자[妻帶者. 아내를 동반한 사람]와 독신자는 다른 생활을 보냈다. 처대자나 가족을 데리고 온 조선인은 일본인 노동자와 같이 탄주마을의 한 쪽에 주택(사택)을 제공받았지만, 독신 조선인은 누구나 료에 수용되었고, 일본인 료장 밑에서 집단생활을 했다. 료에는 일본

---

47) 北海道開拓記念館, 『明治初期における炭鉱の開発― 茅沼炭鉱社会における生活と歴史』, 33쪽

어가 가능한 2~3명이 반장급으로 있었고, 1개의 조선인 독신료에 30~40명을 수용했다고 한다.[48]

일제말기에 탄·광산에서 강제동원된 노무자가 가족을 동반한 것은 당국의 정책 가운데 하나였다. 일제강점기 때의 각 탄·광산은 강제동원된 노무자의 장기 정착화를 위해 그 가족을 조선에서 불러들이는 '가족이주정책'을 사용하였다. 가족이 탄·광산에 도착하면 그 전까지 독신료 또는 함바에서 단체생활을 하던 노무자는 가족과 함께 사택에 거주할 수 있게 된다. 이러한 가족이주정책은 숙련된 노무자의 작업장 이탈을 방지하고 장기정착화를 도모하는 데 효과적인 방법이었다.

노무자의 장기 정착화를 위해 각 회사가 정책적으로 장려한 가족이주정책은 여러 관련 사료를 통해 확인할 수 있다. 내무성 경보국 자료에 '1941년 2월 27일 내무성 경보국 보안과장이 조선인 노무관리의 효율성을 위해 가족을 불러오는 방법을 촉진할 것을 명했다.'는 기록이 있다.[49]

국가기록원 소장「일제하피징용자명부」에 편철되어 있는 메이지(明治)광업(주) 히라야마(平山)광업소의 1940년 4월자 문건으로 '移住半島勞働者呼寄家族名簿'가 있으며, 「소위조선인징용자등에관한명부」에 편철되어 있는 '㈜홋카이도탄광기선 만지(萬字)광 명부'에도 동거가족과 비동거 가족을 따로 기재하여 가족사항까지 회사에서 직접 관리하였음을 알 수 있다. 일본 정부가 실시한「1944년도 만

---

48) 北海道開拓記念館,「明治初期における炭鑛の開發 - 茅沼炭鑛社會における生活と歷史」, 34쪽
49) 朴慶植,「在日朝鮮人關係資料集成 5」, 14~15쪽

기이입조선인노동자계약기간연장지도요강」에는 계약기간이 만료된 조선인 노동자가 1년 이상 계약기간을 연장한 경우, 가족을 부르는 것과 일시귀선 등을 인정하였음이 확인된다.[50]

북해도개척기념관이 소장하고 있는 고노마이(鴻之舞)광업소『소화17년도 家族呼寄關係綴』에도 다양한 '가족이주' 관련 자료[移住勞務員家族名簿, 移住半島人勞務者族呼寄願에 관한 건, 의류품鮮外반출허가원, 「피부양가족 도항소개장」]가 있다. 이 가운데 「피부양가족 도항소개장」은 이주가족의 도일渡日을 허가하는 소개장인데, 이주하는 가족의 제적부와 사진 등이 첨부되어 있다. 이를 통해 이주하는 가족들이 회사의 통제 하에 집단적으로 움직였음을 알 수 있다.[51]

조선인(구와바라가 조사한 구술자들은 '반도인'이라 지칭) 독신자들이 묶었던 숙소는 '반도료'라고 통칭되었는데, 조선인들이 증가함에 따라 여기저기 이동시켰기 때문에 시기에 따라 위치는 달랐다. 조선인료를 민생료(현재 久保農治가 양돈하고 있는 장소, 3구), 제5료(민생료 맞은편의 선탄장 근처), 남관료(민생료와 같은 라인)등으로 기억하는 일본인이 있었다.[52]

다른 일본인은 다음과 같이 기억했다.

"최초의 건물은 현재 니시노(西野)자동차가게 뒤에 있는 鍊場의 나가야를 개조한 것이었다. 이것은 나중에 폐지되어 다마카와정(

---

50) 朝鮮人强制連行實態調査報告書編集委員會, 『北海道と朝鮮人勞働者』, 1999, 241쪽.
51) 林えいだい, 『戰時外國人强制連行關係資料集Ⅲ 朝鮮人2 下』, 1903~1910쪽.
52) 1971년 11월. 今野文次郞 구술(北海道開拓記念館, 『明治初期における炭鑛の開發 - 茅沼炭鑛社会における生活と歷史』, 34쪽 재인용)

亭)이라는 요리가게가 되었다. 조선인은 최고로 많은 때는 약 1,000명 정도 있었고 구57갱의 입구 부근에 제1보국료, 구 사와구치(沢口)기선사무소 터에 제2보국료, 가야누마 소학교 밑에 있었던 구락부를 이용한 제3보국료, 홍엽교(紅葉橋)를 넘어 바로 우측에 북관료 등의 기숙사가 있었다."[53]

이상 일본인들을 면담한 내용에서 추정할 수 있는 것은 조선인 도입개시기에 조선인 독신료는 해안근처에 있었지만 점차 그 인수가 증가함에 따라 그들을 가야누마 시가지에서 격리해 광업소의 내부로 이동시켰다는 점과, 료의 수는 적어도 5동 정도 존재했다는 점 등이다. 1945년 9월 현재 가야누마탄광에 확실히 존재했던 료는 보국료, 남관료, 북관료, 봉공료 4동으로 보국료를 제외한 3동은 옛 지구에 있었다. 또한 '선거권하 조서'에 의하면, 그 외에 료 이름은 없지만 료와 같은 기능을 하고 있었다고 생각되는 숙소가 있었다. 이를 종합해보면 모두 6동의 독신료가 존재했다고 볼 수 있다.

숙소 내 생활에 대해서 보국료의 료장을 맡고 있었던 아쓰다니는 다음과 같이 이야기한다.

"조선인 노동자는 료 내 1실에 6명 정도를 수용했다. 동절기에는 복도 3곳 정도에 스토브를 두었다. 료에는 취사장과 목욕탕이 있었고, 이를 관리하기 위해 일본인 여성 2명과 그 보조로 료의 조선인 4명 등 조선인 잡역부가 있었다. 게다가 료 내의 사무실에는 조선인

---

53) 1971년 11월. 今野文次郎 구술(北海道開拓記念館, 『明治初期における炭鉱の開発― 茅沼炭鉱社会における生活と歴史』, 34쪽 재인용)

을 단속하기 위해 낮에는 4명, 밤에는 3명이 감시했다. 감시자는 일본인 직원(노무과 외근계) 1명에 조선인 보조직원이 2명이다." [54]

당시 노무자로 일을 했던 조선인들의 기억도 이와 일치하는가. 아쉽게도 생존자 가운데 숙소의 위치, 숙소 수용인원이나 수용 기준 등을 정확히 기억하는 이를 찾을 수 없었다. 다만 위원회 진상조사보고서에 따르면, 숙소의 구조에 대해서는 '1층 건물에 중간에 통로를 두고'(김봉현) '양쪽이 방이고 가운데는 길'(정남용), '1층짜리 긴 집인데 집 안에 가운데에 길이 있었다.'(문점쇠)는 기술이 있어서, 가운데 통로가 있는 단층 구조물인 것으로 추정된다.

산에서 나무를 하다가 19살 나이에 1942년에 전북 순창에서 동원된 김봉현은 숙소에 대해 풍부한 내용을 회상한 경험자이다. [55] 그는 "료는 제1보국료, 제2보국료, 제3보국료로 나뉘고 처음 들어온 조선인들은 제1보국료에서 머물게 하고 시간이 지나면 다음 보국료로 옮기게" 했고, "제1보국료에는 군별로(순창, 임실, 금산) 있었는데, 제3보국료는 전국에서 온 사람들이 섞여 있었다."고 회상했다. 숙소의 감시에 대해 생존자들의 회상은 '숙소 생활에서 감시가 매우 심했다.

---

54) 北海道開拓記念館, 『明治初期における炭鉱の開発 - 茅沼炭鉱社会における生活と歴史』, 34쪽
55) 2007년 1월 16일 면담조사. 면담자 : 하승현 조사관, 면담장소 : 서울 노원구 자택(진상조사보고서, 44쪽 재인용)

그림5. 홍엽교(紅葉橋 모미지 다리) : 조선인들은 이 다리를 기점으로 해서 탄광 위쪽에만 거주하고 있었음. 모미지다리를 건너 바로 우측에 북관료(北関寮)가 있었다고 한다.(2009년 7월 촬영, 진상조사보고서, 104쪽)

료 수용자 중에는 가혹한 탄광노동에 견디지 못해 엄중한 경계의 눈을 피해 탈출하는 사람도 있었다. 이 탈출조선인 노무자 수색을 담당했던 당시 노무과 직원은 다음과 같이 이야기한다.

"반도인이 도망쳤다는 연락이 있으면 바로 구니토미(國富), 이나호(稻穂)고개로 가서 천막을 치고 경계했다. 이럴 경우는 한밤중이라도 소집이 있다. 1942년부터 1943년에 걸쳐 매일 밤 도망자가 속출했다. 100명 데리고 온 노동자 중 30명 정도가 도망간 예도 있었다. 아카이가와(赤井川)방면이나 멀리 하코다테 수상서(水上署)에도 도망 반도인의 건으로 출동했다. 나중에 들어온 반도인은 임금과 대우에 관해 건의하는 사상이 나쁜 사람이 많은 것 같았다. 이상의 행동은 당시 도쿠나가(德永) 근로계 주

임의 명령으로 했는데 이 사람은 지독한 사람이었다."[56)]

초기에 탈출을 감행하던 조선인들은 '1944년에 근로와 폭력으로 사망한 조선인을 계기로 폭동이 일어났다.' 이러한 사건은 조선인 노동자들의 일상적인 여러 가지 요구와 복잡하게 얽혀서 다음 해 1945년 8월, 그들이 '대폭동'을 일으킬 전제를 형성해 나갔다.

식민지 시대 강제동원된 조선인들이 일본의 탄광 등으로 끌려 와서 파업 등의 집단행동을 한다는 것은 결코 쉬운 일이 아니었다. 그러므로 학계에서도 최근에는 강제동원 자체에 대한 '적극적인 저항'으로 평가하고 있다. 탄광, 광산, 토목공사장 등의 작업장에서 일하다 탈주한 조선인들은 대부분 다시 붙잡혀 오게 되고, 그 후에는 '구타'라는 가차 없는 제재가 뒤따랐다. 당시 사업주들은 노무자들의 탈주가 주변인들을 선동하고 생산력을 떨어트린다고 하여 '탈주'를 방지하기 위해 감시를 더욱 철저히 하였고, 탈주에 실패한 사람들에게는 고문이라고 할 정도로 가혹하게 처벌했다.

홋카이도는 험준한 자연환경, 조선과 먼 지리적 위치, 교통수단 및 연고지의 부재 등의 사유로, 일본의 다른 강제동원 작업장에 비해서는 탈출율이 상당히 낮은 편이다. 후쿠오카(福岡) 지역이 44%인 반면 홋카이도 지역은 20% 미만이다. 홋카이도 내 탄광으로 동원된 조선인들이 당시 열악한 노무환경, 부당한 대우 등에 적극적으로 항의를 하였던 사례는 『특고월보』나 당시 신문기사 등의 내용에서 확인되

---

56) 北海道開拓記念館, 『明治初期における炭鉱の開発 - 茅沼炭鉱社会における生活と歴史』, 34쪽

고 있다. 가야누마탄광의 경우도 기록에서 세 가지 사례를 찾을 수 있다.[57)]

① 1941.4.3. : 이입조선인노무자 125명이 쌀 3합 1 작에 콩류 5할을 섞은 식사에 대해 "공복을 견딜수 없다." 라고 불만을 호소, 식사개선을 요구하며 일제 파업. 관할경찰서가 설득하여 다음 날 다시 복귀시킴
② 1944.6.20. : 가야누마탄광에서 사망한 동료의 유언 중에 료장에게 얻어맞았다는 내용이 있어 조선인 250명이 격분, 입갱한 400명도 파업. 관할 경찰서장 이하 15인이 진압에 나서 주모자 9명을 검거.
③ 1945.10.18. : 파업중인 조선인 700여명이 퇴직금 1500엔, 작업복, 지카다비 지급 등을 요구, 다마카와광산의 180명도 동맹파업.

가야누마탄광 소속 조선인의 집단행동 중 한 가지 주목할 만한 사례는 바로 특고월보에 기재된 1944년 6월의 파업사례이다. 특고월보에서는 이 사건을 다음과 같이 기술하고 있다.

홋카이도 가야누마 탄화광업주식회사 가야누마 광업소(이입노무자 814명 취로)에 가동중인 조선인 노동자 東川0는 6월 20일 오전 3시경 만성기관지염으로 사망하면서 동료 조선인 金海0에게 "나는 남관료장에게 맞아 죽는다. 복수를 해 달라." 라고 유언했다. 김해는 이 사실을 동료 조선인들에게 알렸고, 격양된 조선인 노동자 250명

---

57) 朝鮮人强制連行實態調査報告書編集委員會,『北海道と朝鮮人勞働者』, 1999, 622-633쪽

은 같은 날 오전 8시경 남관료에 들어가 료장 및 조선인 조수를 폭행, 료장에게는 2주, 조수에게는 10일의 상해를 가하였으나, 관할 경찰서의 진압으로 일단은 평정을 되찾았다. 그러나 다음날 21일 일교대(오전 6시) 입갱 조선인 노무자 400명이 갱내에 들어가 노동 중 전원 조퇴하여 파업을 하였고 이들 400명은 오전 8시 30분경 다시 남관료에 들어가 곤봉과 벽돌로 창문 등을 크게 파손했다. 관할경찰서는 서장 이하 경찰관 15명을 현장에 출동시켜 일동을 진압하여 노동에 임하게 하고 주모자로 인정되는 9명을 검거, 취조 중에 있다.

이 사건은 가야누마탄광 희생자 명부에 1944년 6월 20일 사망한 것으로 되어 있는 이우종(李愚鍾)의 사례이다. 이우종은 1909년생, 전북 남원 출신으로 사망 당시 36세였다. 한 가지 주목할 것은 도마리무라 집장인허증에는 폭행 구타로 사망한 이우종의 사인이 '만성 기관지염'으로 기재되어 있다는 것이다. 사인을 직접적인 폭행이 아닌, '병사(病死)'로 표현한 것은 사망에 대한 책임을 회피하려고 사인을 조작하려한 때문은 아니었을까.

이우종의 사망이 시발점이 되어 발발한 가야누마탄광 조선인들의 파업은 다른 작업장에도 영향을 미칠 정도의 큰 사건이었던 것으로 보인다. 1944년 6월 22일 미쓰비시(三菱) 오유바리(大夕張)광에서 13명이 사망한 사건에 대한 「미쓰비시 오유바리(大夕張)광 변재의 건 보고」 내용 중 다음과 같은 기록이 확인된다.

　　이번 사건이 스미토모(住友) 아카비라(赤平) 소요사건 혹은 가야누마 분쟁사건 등과 같이 그 수단과 방법이 전율할 만한 악질적인 점을 고려한다면, 이 변재를 단순히 화재로 방관하는 것은 매우 위험하기에, 당소(當所)는 임시 방법을 강구하고 항구적 방책에 대해서는 별도로 연구 중에 있음.[58]

이 내용은 미쓰비시 오유바리 탄광에서 발생한 화재 사건을 조선인이 일부러 일으킨 소요사건으로 의심한다는 내용이다. 이와 같은 행동을 악질적이라고 하면서 그 사례 중의 하나로 '가야누마 분쟁사건'을 들고 있다. 가야누마탄광 내의 단체행동을 '수단 방법이 전율할만한 악질적인 점'으로 표현한 것으로 보아 당시 회사는 노무자들의 집단행동을 우려하여 상당한 경계를 하고 있었던 것으로 보인다.[59]

야누마탄광으로 동원된 조선인들은 탄광에서 어떤 작업에 투입되었는가. 구와바라가 작성한 보고서에 실린 좌담회 내용(1971년 10월 구술조사)에 의하면, 대부분의 홋카이도 관내 탄광에서는 주로 조선인을 '갱내에서도 제1선'으로 배치하는 방침을 지키고 있었다.

유베쓰(雄別) 탄광 모시리광업소에 대한 대담에 나오는 "朱田 : 조선인노무자는 갱내 사람이 많군요. 乙坂 : 갱내도 제1선이지요, 원칙적으로 갱내 이외 사람은 조선에서 데리고 오지 않습니다. 체격 등도 상당히 고려해서 옵니다.(이하 생략)"라는 대화에서도 알 수 있

---

58) 朝鮮人强制連行實態調查報告書編集委員會, 「北海道と朝鮮人勞働者」, 1999, 260쪽.
59) 진상조사보고서, 86쪽

다. 이와 같은 경향은 가야누마탄광에서도 큰 차이가 없었다고 여겨진다.[60]

〈표 4〉는 가야누마탄광 소속 노동자수의 변동을 갱내·갱외별 및 민족별로 표시한 것이다. 이를 통해 갱내부의 70% 정도를 조선인이 차지하고 있음을 알 수 있다. 조선인과 일본인의 전체 비율이 60%인데, 이보다 높았다. 갱외부도 1944년에는 일본인이 많았지만 1945년이 되면 일본인과 조선인의 비율이 역전하여 1945년 6월경에는 갱내부, 갱외부 모두 수적으로 조선인이 일본인을 능가하게 되었다.

〈표 4〉 가야누마탄광 갱내·갱외별 노동자수 변동 (단위 : 명 / %)

연도별	갱내부			갱외부			합계		
	조선인	일본인	계	조선인	일본인	계	조선인	일본인	계
1943			585			564			1149
1944	569(72.1)	220	789	234(44.4)	293	527	803(61.0)	513	1316
1945.6	309(69.0)	139	448	291(51.4)	275	566	600(59.17)	414	1014
1945.7	281(66.3)	143	424	257(53.1)	227	484	538(59.25)	370	908

〈자료〉 1929~1938년, 1943~1945년은 북해도립노동과학연구소편, 『북해도탄광노동통계자료집성』Ⅱ·노동편』, 1950년; 1938~1942년은 『가야누마탄광 조사요강』, 1943년(北海道開拓記念館, 『明治初期における炭鉱の開発− 茅沼炭鉱社会における生活と歴史』, 1972, 32쪽 재인용)

〈표 4〉에서 조선인은 일반적으로 갱외보다 중노동인 갱내에 배치된 경향이 있음을 알 수 있는데 그 이유는 무엇인가. 조선총독부

---
[60] 진상조사보고서, 86쪽

가 1944년 3월에 작성한 "제85회 제국회의 설명자료"는 그 이유를 조선인은 '내지인노무자와 비교하여 손색이 없으며 이중근육, 내열耐熱, 지하노동에 있어서 그 체격이 우수하고, 좋은 성적을 올리고 있음[61]이라고 언급하고 있다.

탄광의 노동시간은 하루 9~10시간을 기본으로 하여 주로 2교대 또는 3교대의 체제로 운영되었다. 홋카이도 스미토모(住友) 우타시나이(歌志内)광업소의 『반도광원관계 허가신청 외半島礦員關係 許可申請外』에 수록된 「취업안내서」에 있는 노동시간을 보면 〈표 5〉과 같다. 하루 10시간 정도를 기본으로 하고 있고 광산감독국장의 허가를 받으면 2시간 이상을 연장할 수 있다고 한다.[62]

〈표 5〉 채탄부의 노동시간

유형	노동시간
교대가 없는 경우	오전6시 - 오후4시 (10시간)
2교대	1교대(1番方) : 오전 6시 - 오후 3시 (9시간) 2교대(2番方) : 오후 3시 - 오전 1시 (10시간)
3교대	1교대(1番方) : 오전 6시 - 오후 3시 (9시간) 2교대(2番方) : 오후 2시 - 오후 11시 (9시간) 3교대(3番方) : 오후 10시 - 오전 7시 (9시간)

가야누마탄광의 노무 시스템도 이와 동일했을 것이다.

열흘씩이야. 낮에 열흘 한 사람이 또 밤에 열흘하고. 밤에 열흘 한 사람이 낮에 열흘 혀. 말할 수가 없어. 여기 쉰네가 팍팍 나불고 입

---
61) 松村高夫「日本帝國主義下における植民地勞働者」, 『經濟學年報』10, 慶應義塾經濟學會, 1967, 180쪽
62) 朝鮮人强制連行實態調査報告書編集委員會, 『北海道と朝鮮人勞働者』, 1999, 245쪽

이 바싹 말라갔고. 말도 못혀. 어떻게 일이 된가(고되다). 그러면은 아침에 한 새벽 4시쯤, 그 경상도 사람이 그 사무실에서 쓰는 큰 쇳덩이. 큰 징만해요. 그놈을 뚜들기고 우리 깨라고 그리고 밥 먹고 일을 나가.(강대식)

오늘 여섯 시에 들어가면 밤 여덟 시 돼도 그 숫자를 내야 돼. 여섯 시 되면은 또 니방가다라고 밤에 일할 사람이 들어오거든. 그러면 그 연장을 넘겨 줘야 하거던. 그런게 그 여섯 시까지는 탄을 잘 못 파서 숫자가 못 나면 그때까지 해야 해.(정순팔)[63]

위 진술에 의하면, 노무자들은 새벽 4시에 기상하여 6시부터 일을 시작하였던 것으로 보인다. 저녁 6시를 기준으로 2교대(니방가타)와 교체를 하는 구조로, 1교대(낮일)와 2교대(밤일)는 10일을 기준으로 바뀌었다. 점심시간 등을 제외하더라도 정규 노동시간이 10시간은 족히 넘는 것이다.

정순팔의 진술에 의하면 탄을 캐는 하루 할당량이 정해져 있어 할당을 채워야만 굴 밖으로 나올 수 있었다. 오전 6시에 굴에 들어가서 당일 할당량을 채우지 못하면 2교대가 들어오더라도 굴 밖으로 나올 수 없다. 할당량은 탄 차인 구르마에 탄을 가득 채우는 것을 기준으로, 20~25 구르마, 많게는 30 구르마라고 한다. 각 탄광에서 규정하고 있는 근무시간이 10시간이라고 하더라도 이 시간은 지켜지지 않았고, 본인의 할당량을 채워야 그날 업무가 종료되

---

63) 진상조사보고서, 79쪽

는 것이었다. 또한 그 할당은 과도하게 부과되었던 것으로 보인다.

일을 잘 못하거나 몸이 아파서 쉬겠다고 하면 구타를 당하는 일도 있었다. 강대식은 탄광사고로 눈 부상을 당했다. 눈이 잘 안보여서 일을 못나가겠다고 하니 관리자가 구타했다고 한다. 어디가 찢어지는 등 외관상 확인되는 부상자만 환자로 취급하고, 본인처럼 나타나지 않는 부상은 상황을 전혀 고려해 주지 않았다고 한다. 강대식은 당시의 사고와 이후의 적절한 치료조치가 이루어지지 않아 결국 실명된 상태로 귀환했다.

> 거기서 살아도 뭐가 어떻게 된지는 몰라, 못나가게 한게 밖에를, 외출을 못 나가게 해. 저 어디 구경도 못가고. 여 인자 뭐인가 하면 연장시켜서, 2년 지나서 연장을 시키면 조금씩 인자 나 댕기고 바다 구경도 할 수도 있고 그래. 그 안에는 뭐 2년간은 징역 산 거이랑 똑같아. 감옥 말이야.(정점암)[64]

가야누마탄광에 동원된 조선인들의 구체적인 업무 내용을 살펴보면 다음과 같다. 〈표 6〉은 갱내와 갱외에 배치된 민족별 노동자의 직종별 현황을 살펴본 통계이다.

---

64) 진상조사보고서, 80쪽

〈표 6〉 가야누마탄광의 직종·민족별 배치 현황(1945.6.30.현재)[65]

		노동자수			백분율(%)	
		일본인	조선인	합계	일본인	조선인
갱내부	채탄	20	162	182	11.0	89.0
	充填			51		
	仕繰	25	26	51	49	51.0
	굴진	35	72	107	32.8	67.2
	운반	11	7(5)	18	61.1	38.9
	기계	22	28(2)	50	44.0	56.0
	공작	21	13	34	61.8	38.2
	잡부	5	1	6	83.3	16.7
	계	139	309(7)	448	31.0	69.0
	장기결석	11	51(2)	62	17.8	82.2
갱외부	선탄	65	50(6)[66]	116	56.0	44.0
	운반	15	79	94	16.0	84.0
	기계	6	3	9	66.7	33.3
	공작	53	4	57	93.0	7.0
	전기	27	4(1)	31	87.1	12.9
	잡부	171	107(3)	278	61.5	38.5
	계	337	246(8)	583	57.8	42.2
	장기결석	16	18(1)	34	47.1	52.9
합계		476	555(15)	1031	46.2	53.8
장기결석		27	69(3)	96	28.1	71.9

〈자료〉북해도립노동과학연구소편, 『북해도탄광노동통계자료집성』Ⅱ·노동편」, 1950년
* '갱외부'의 일본인 잡부(남자)에 '短期' 42명 포함
* 조선인에서 ( )은 '既住(일반도일조선인)'를 의미

〈표 6〉에는 '갱내, 갱외 작업을 통틀어 '육체 소모적'[67] 작업부문인 채탄, 굴진, 운반에는 다수의 조선인을 소모품적으로 투입하고, 소수인 일본인 노동자는 공작, 전기 등의 전문적 지식을 필요로 하는 작업 부문에 투입한다'는 일관된 노동력배치의 기본 틀이 잘 나

---

65) 北海道開拓記念館, 『明治初期における炭鉱の開発－茅沼炭鉱社会における生活と歴史』, 1972, 32쪽
66) 일본인 여성이 28명으로 일본인 남성(37명)과 비교해 볼 때 43%에 달하는데 비해, 조선인 여성은 1명으로 조선인 남성의 2%에 불과하다.
67) 松村高夫『日本帝國主義下の 植民地勞働者』, 179쪽

타나 있다.[68]

갱내에서도 조선인들은 주로 '채탄'과 '굴진' 등 노동 강도가 높고, 육체 소모적인 작업의 비율이 70~90%이고, 갱외에서도 '운반'이 84%의 높은 비율을 보이고 있다.

또한 갱외의 '선탄選炭'에서도 44%라는 비교적 높은 비율을 보이고 있다. 일반적으로 선탄은 여성이나 아동(또는 노인)의 노동에 의존도가 높은 직종이다. 그런데 선탄에서 조선인 여성의 비율이 2%에 불과했다는 점에서 적정한 노동력을 가진 연령에 해당하지 않는 아동이나 노인이 선탄업무에 투입되었을 가능성이 높다고 판단된다.

장기결석률에서 보면, 조선인 광부는 갱내와 갱외를 포함해 71.9%에 달한다. 이 가운데 갱내부가 높은 편이어서 조선인 갱내부의 장기결석률 82%는 일본인 갱내부의 4.6배에 달한다. 갱외부의 경우에도 52.9%로 높은 편이지만 일본인과 차이는 5.8%에 불과하다.

이 수치를 어떻게 볼 수 있는가. 장기결석률은 갱내와 갱외를 막론하고 노동 강도가 높았다는 점을 나타내준다. 아울러 엄격한 통제와 노무 관리 속에서도 조선인 갱내부의 장기결석률이 높았다는 것은 여러 가지를 암시하고 있다. 〈표 6〉에 의하면, 조선인 갱내부 309명 가운데 51명(16.5%)이 장기결석자이다. 그 원인은 당시 노무 관리 상황으로 볼 때, 나태나 태업 등 노동자의 주체적인 의지로 일어날 수 있는 현상이 아니라 사고나 질병 등 불가피하게 장기간 결

---

68) 北海道開拓記念館, 『明治初期における炭鉱の開発-茅沼炭鉱社会における生活と歴史』, 1972, 33쪽

석을 할 수 밖에 없는 상황으로 판단된다.

3. 사고와 부상

탄광현장은 낙반사고, 매몰사고 등이 빈번하여 노무자들은 항상 부상과 생명의 위협을 감수하고 있어야 했다. 특히, 대부분이 농촌 출신으로 본래 탄광기술을 보유하고 있지 않으며 일본어도 잘 알지 못한 조선인 노무자들에게 탄광 업무는 상당한 위험을 수반하는 작업이었다.

전시체제기 1939년부터 조선인 집단모집을 실시하면서 일본은 「조선인노동자 내지이주에 관한 방침」, 「조선인노동자모집 및 취급요강」, 「조선인노동자모집요강」 등을 만들었다. 이 자료에는 조선인 노무자를 각 사업장에서 활용하기 위한 노동자의 훈련, 생활 등에 관해서 규정되어 있다. 각 광업소에 도착한 조선인들은 보통 3개월간의 훈련기간을 가지게 되어있다. 입산 직후 1~3일간은 신사참배, 경찰관의 주의, 각종검사(신체검사 등), 료 배치, 갱내외 견학 등을 실시한다. 초기 3개월은 일본직원에게 기초업무를 습득한다. 3개월이 지나면 적당한 위치에 배치 받는다.[69] 훈련기간은 3개월로 규정되어 있지만 실제 노무자들에게는 이러한 규정기간이 지켜지지 않았던 것으로 보인다. 전황이 깊어져 각 탄광에서 증산이 최우선 현안이 된 시기에는 조선인 노무자가 도착 직후 다음 날

---
69) 朝鮮人强制連行實態調査報告書編集委員會, 「北海道と朝鮮人勞働者」, 1999, 230쪽

바로 갱내로 투입되는 경우도 있었다고 한다.

농민 출신자가 대부분이었던 조선인들이 충분한 훈련도 받지 않고 바로 채탄 현장에 투입된다면 재해의 위험은 더욱 높을 수밖에 없었다. 탄광 내 사고는 기계설비의 불완전이나 불가항력적인 사유 등 그 원인은 다양하다. 전쟁이 장기화되면서 강도 높은 노동과 과도한 할당량 체제로 인한 초과근무 강요가 노무자의 집중력을 저하시켜 사고발생의 원인이 되는 경우도 있었다. 탄광사고는 대규모 인명피해로 이어질 수 있기 때문에 각 탄광에서는 갱내 사고를 줄이고자 나름의 대처방안은 강구했다. 그러나 사고로 인한 부상자에 대한 사후조치 등은 상당히 미흡하였던 것으로 보인다. 모리야 요시히코(守屋敬彦) 교수는 ㈜홋카이도탄광기선 만지광(万字鑛) 관련 재해관계 문서를 아래와 같이 분석한 바 있다.[70]

만지광(万字鑛)의 「부조월보표(扶助月報表)」를 보면 경상輕傷 이상의 부상으로 입원을 하거나 통원치료 기간이 긴 경우, 후유장애 상황에 따른 부조료 지급이 기재되어 있다. 장애부조료와 치료 3년으로 치유가 되지 않은 경우 지급된 고용 중단부조료는 사망부조료에 비해 법정금액 자체가 적다. 일상생활이 불가능한 중증장애가 남아도 최고 700엔 정도 밖에 나오지 않는다. 치료하지 못하고 귀국하게 된 사람은 100엔이나 200엔 정도로 거의 보상이 되지 않았다고 보아야 할 정도이다. 3년이 되지 않아 귀국한 경우는 여비 지급만 하고 아무

---
70) 일제강점하강제동원피해진상규명위원회, 「守屋敬彦 : 기업자료중 각종 명부류의 기술내용에서 알 수 있는 조선인 강제연행에 관한 사실」, 『2009 네트워크 관계자 초청 워크샵 자료』, 2009

런 보상이 되지 않았다. 귀국 도중 사망한 경우도 있다.

사만지광의 사례는 중증장애나 치료기간 3년을 요하지 않는 부상의 경우는 일체의 보상금 지급 없이 귀국시 여비만 지급되었음을 알 수 있다. 닛소테시오(日曹天鹽)광업소의 「상병수당지급급부(傷病手當支給給付)」를 보면, 사상병私傷病으로 건강보험법 규정 이상의 치료비가 들면 해당 노무자의 임금, 저금에서 공제했다는 내용도 있다. 즉 공상公傷이 아닌 사병상私傷病의 경우에는 오히려 부상자 본인이 치료비용을 부담해야 한다는 의미이다. 노무자가 병원에서 치료를 받는 동안은 월급 지급도 되지 않고, 치료비 등은 본인 부담이 되기 때문에 그간의 저축 등에서 공제되는 시스템이다. 가야누마탄광의 경우 노무자의 재해사고와 부상, 그 이후의 조치방법에 관한 문헌자료 등의 기록은 존재하지 않는다. 그러나 대기업인 위 ㈜홋카이도탄광기선의 부상자에 대한 조치가 상당히 미흡했던 것을 보면, 가야누마탄광의 상황은 더 심각했을 것으로 보인다.

최근 발굴 자료인 쓰쿠바 공문서관 소장 공탁관계 기록(총괄표)에서 가야누마탄광이 후생상해수당 7,394.04엔을 공탁하지 않았다는 사실이 확인되었다. 물론 이 돈은 당사자에게 지급하지 않고 회사가 임의로 보관하고 있었던 미불금이다. 부상자에게 마땅히 지급해야 할 금액을 제대로 지급하지 않고 회사에서 그냥 보관했다는 사실을 알 수 있다.

저녁일 니방가다(二番方)로 하다가, 그때 막 춥고 그냥 추워서 시방 말하면 난로, 그 난로를 막 피우고 있는데. 난로 위에 물 떠다 놓으라 해갖고 그 놈 떠 갖고 내려오다가 그냥 이렇게 막 뒤로 자빠져 갖고, 어떻게 다친거냐면은 60마력 되는 동력이 돌아가. 탄광은. 그 기아가 막 돌아가는 거 꽉꽉 찝어서 돌아가는 그 속에다 손이 한 번 빠져 그냥 돌아버렸어. 그런게 죽었어. 그때 그냥. 그런게 몰라, 그래갖고는 인제 자고 나서 본 게 손을 이렇게 끊어버렸어. 병원에를 어떻게 인자 누가 업고 왔는가, 누가 어쨌는가 인제 자고 난 게로 이렇게 끊어졌는데 기가 막히데. 참말로. 거짓말 아니라. 금방 성한 사람이 이렇게 병신이 되갖고….(정점암)

탄광서 많이 죽어. 나도 돌같이 큰 막, 돌맹이가 떨어졌으면 나도 죽었어. 근디 난 가루만. 탄가루만 온몸으로 그냥 무너져 갔고. 그때 눈에 탄이 들어가서, 한 30분 동안을 파냈어요. 그래서 그 이후로 앞을 못 봐 갔고. 그 이와나이라는 병원. 안과 병원에 가서 맨날 저 주사 맞고. 약 먹고 여, 평상 그 자리 있으니 저 아홉 달이나 있었는가 병원에. 의사가 안 된께. 진단서를 해서 회사로 보냈어. 눈을 못 낫은께. 그래서 나왔어. 다른데 모르것다만은 우리 부안군 사람들은 전부 빈손 쥐고 나왔어. 빈손 나왔어. 다 떨어진 옷을 입고 나왔단께. 그래서 일본 갔다 온 놈이, 바늘로 지어서. 실로 지어서 그런 쓰봉[바지]을 입고 왔소.(강대식)[71]

정점암은 22살, 음력 10월에 동원되었다고 회상했다. 명부상

---

71) 진상조사보고서, 93쪽

1942년 12월 6일 장수군 출신자 22명의 동원기록이 있다. 그는 탄광에서 사고로 오른팔을 잃게 된다. 선탄장에서 일을 하였는데, 탄을 부수는 기계에 팔이 들어가 버렸고, 정신을 차리고 보니 오른팔이 절단되어 있었다고 한다. 부상으로 노동능력을 상실해서 탄광에서도 거의 일을 못하고 있다가 해방되던 해 3월에 귀환했다고 한다. 다쳐서 일을 못하는데도 차표가 없다고 집으로 돌려보내주지 않아 3년간을 일본에 있었다고 한다.

강대식은 탄광에서 부상을 당해 병원치료를 받게 된다. 그러나 결국 눈은 실명이 되고 노동능력 상실로 한국으로 돌아오게 된다. 한국에 나올 때에는 부상 등으로 활용 가치가 없는 노무자들과 함께 나왔다고 한다. 나올 때 여비라든가, 위로금 등은 일체 없었다고 한다.

채탄 현장은 늘 사고가 빈번하게 발생하여 부상의 위험이 곳곳에 도사리고 있었다. 홋카이도내 주요 탄광의 조선인 노동자는 80% 이상이 갱내 작업에 투입되어 일본인들보다 더 많은 사고 위험에 노출되어 있었다. 홋카이도 내 주요탄광의 조선인노동자 3만 5,067명 중 3만 280명(86%)이 갱내 작업에 종사했다고 한다.[72]

생존자의 회상을 보면, 당시 탄광측은 사고에 대한 재해 관리 체제와 사후조치가 매우 불충분했던 것으로 보인다. 부상자에 대한 병원치료 및 의약품 지급 등이 잘 이루어지지 않았던 정황도

---

72) 朝鮮人强制連行實態調査報告書編集委員會, 「北海道と朝鮮人勞働者」, 1999, 242쪽

확인된다. 중증 환자만 병원에서 치료 받을 기회를 준다거나, 부상이 완쾌되지 않은 상황에서 노동을 강요하는 사례가 있었고, 치료 이후 사후관리가 제대로 되지 않아 합병증이 생기는 경우도 있었다. 부상자에게는 병원 치료비 이외, 보상금, 위로금 등도 제대로 지급되지 않았던 것으로 보인다.[73]

사고나 질병을 당한 조선인의 상황은 어떠한가. 조선인의 질병 현황에 대한 자료는 발견되지 않고 있다. 다만 관련 연구에 의하면, 도마리무라에서 제2차대전부터 병원을 개업·운영한 의사 스즈키 료이치로(鈴木良一郞. 1974년 당시 70세)는 '이 탄광 노동자 가운데에서도 특히 조선인 노동자는 영양실조로 인한 각기병에 걸린 환자가 많았다'고 진술했다.

실제로는 이게 아닐 거예요. 당시는 산(탄광) 깊숙한 곳까지는 갈 수 없었지만 산중에도 사체 화장터가 있어서 매일 연기가 피어오를 정도였으니까요. 그러니까 아마도 더욱 많은 사람이 죽었을 거예요. 나에게 오지 않은 사망자도 꽤 있었을 것으로 생각합니다.(스즈키)[74]

스즈키의 진술을 볼 때, 의사에게 사망확인을 받지 않고 유해를 처리한 사망자들이 상당 수 있었을 것으로 보인다. 인근 호린사(法輪寺)에 조선인 유골이 안치되어 있으나 현재 신원이 확인된 조선인은 대

---
73)『진상조사보고서』, 31쪽.
74) 朝鮮人 强制連行 眞相調査團,『朝鮮人强制連行强制勞動の記錄 – 北海道·千島· 樺太等』, 現代史出版會, 1974, 183, 185쪽

부분 가야누마탄광에 동원된 조선인 노무자의 가족으로 알려져 있다.

안치된 유골 가운데 조선인 유골임을 확인한 유골의 주인공은 대부분 출생한지 1년 이하의 영아들이다. 이들이 이 사찰에 남게 된 과정은 다음과 같다. 조선인 사망자의 유해는 원래 지장원(地藏院. 法輪寺의 분교소. 泊村字茅沼村 北山ノ上 소재)이 보관하고 있었다. 사망시기가 1941년 12월부터 1945년 해방시까지로 추정되는 7구의 조선인 유골은 1945년 11월경 이후 조선인이 귀국한 후에도 그대로 사찰에 남아 있었다. 그 후 1965년 5월에 지장원(地藏院) 해산되자 그 유골은 호린사에 납골 안치되었다. 유골을 싸고 있는 천이 너덜너덜해져서 문자도 희미해졌지만, 고 塚本澄英(호린사 주직. 1935~1976)가 그

그림6. 도마리무라 호린사(法輪寺). (2006년 10월 촬영. 진상조사보고서, 6쪽)

문자를 옮겨 적어 7명 조선인의 납골명부를 작성했다. 그는 조선인 유골 호지護持위원회를 만들고, 1965년 10월에 호린사에서 위령제를 지낸 이후에 소법요小法要를 계속하고 있는 의사 스즈키는 7구의 조선인 유골을 한국으로 반환하고자 했다. 스즈키도 회원으로 있는 일중日中우호협회와 오타루의회 시의원들이 운동을 했지만 당시 한국 정치상황 때문에 반환할 수 없었다. 그 후 1976년 10월에 무연고 유골을 매장하는 호린사 무연탑이 도마리무라 영원에 건립되었다. 이때 지장원에 안치되어 있다가 1965년 5월 해산시기에 도마리무라 호린사로 이전 납골된 조선인 7명 이외 46명의 유골을, 당시 호린사 집사였던 쓰카모토(塚本澄英)가 재조사하여 명부를 작성하고[지장원 靈骨명부], 유골은 호린사 무연탑에 합장 납골했다. 1986년 7월 납골명부에 기록된 7구의 조선인 유골[지장원에 안치되었다가 호린사로 이관한 유골]을 포함하여 11명의 유골명부(조선인순직자)가 호린사 회계(帳場)에 의해 작성되어 호린사 무연탑에 납골되었다. 이 납골명부에 기록된 11명의 명단 가운데 4명은 1921년, 1910년, 1962년 사망한 3명, 그리고 성명 및 사망 연월일 불명의 조선인 순직자 1명 등이다.[75]

---

75) 진상조사보고서, 48쪽, 각주 104번

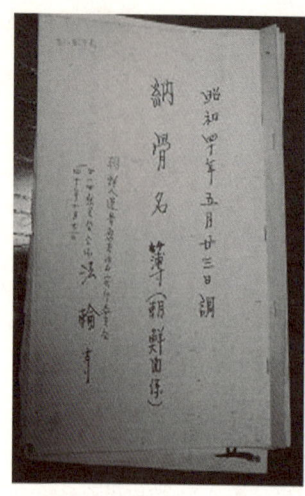

▲ 그림7. 가야누마탄광에서 사망한 무연고 유골을 합장하면서 이들을 추모하기 위해 1976년 건립된 무연탑. 이제는 고인이 된 노야마 유코씨의 모습이 보인다. (2006년 10월 촬영. 진상조사보고

◀ 그림8. 호린사 소장 납골명부(조선관계). 진상조사보고서, 67쪽

현재 이들의 유골은 호린사 무연탑에 있다. 한반도 어딘가에 고향을 둔 이들이 계속 이곳에 있어야 하나.

참고문헌

○ 일본 문헌

社團法人北海道石炭鑛業會, 『北海道鑛業誌』, 1928

社團法人北海道石炭鑛業會, 『北海道鑛業誌』, 1928

久保山雄三, 『日本石炭鑛業發達史』, 1942

久保山雄三, 公論社, 『炭礦めぐり』, 1949

茅沼炭鑛, 『開鑛百年史』, 1956

泊村教育委員會·泊村史編纂委員會, 『泊村史』, 1967

松村高夫 「日本帝國主義下における植民地勞働者」, 『經濟學年報』 10, 慶應義塾經濟學會, 1967

北海道開拓記念館, 『明治初期における炭鑛の開発- 茅沼炭鑛社会における生活と歷史』(北海道開拓記念館調査報告 第1号), 1972

朝鮮人强制連行眞相調査團, 『朝鮮人强制連行强制勞動の記錄 - 北海道·千島· 樺太篇』, 現代史出版會, 1974

朴慶植, 『在日朝鮮人關係資料集成 5』, 三一書房, 1975

北海道開拓記念館 研究報告 第4号 - 北海道における炭鑛の發展と勞働者, 1978

桑原眞人, 『近代北海道史研究序說』, 北海道大學圖書刊行會, 1982

茅沼炭鉱史編集委員會, 『茅沼炭鉱史』, 1982

林えいだい, 『戰時外國人强制連行關係資料集Ⅲ 朝鮮人2 下』, 明石書房, 1991

守屋敬彦,「朝鮮人强制連行における募集·官斡旋·徵用方式の一貫性」,『道都大學紀要 敎養部』14, 1995

朝鮮人强制連行實態調查報告書編集委員會,『北海道と朝鮮人勞働者』, 1999

財團法人 石炭エネルギ-センタ,『石炭現場用語解說集』,

○ 국내 문헌

김민영,「식민지시대 노무동원 노동자의 송출과 철도·연락선」,『한일민족문제연구 4, 2003

박맹수,「일제 말기 홋카이도로 강제동원된 전북 출신 노무자 213명의 명부」,『한일민족문제연구』8호, 2005.6

일제강점하강제동원피해진상규명위원회,「守屋敬彦 : 기업자료중 각종 명부류의 기술내용에서 알 수 있는 조선인 강제연행에 관한 사실」,『2009 네트워크 관계자 초청 워크샵 자료』, 2009

정혜경,『조선청년이여 황국신민이 되어라』, 서해문집, 2010

정혜경,『일본제국과 조선인노무자 공출』, 선인출판사, 2011

국무총리 소속 대일항쟁기 강제동원피해조사 및 국외강제동원희생자 등 지원위원회 진상조사보고서,『홋카이도 가야누마(茅沼)탄광에 강제동원된 전북 출신자의 피해 진상조사』, 2011

○ **기타**

가야누마탄광희생자 명부, 선거권하조서, 조선인납골명부(대일항쟁기 강제동원피해조사 및 국외강제동원희생자 등 지원위원회 소장 자료)

http://hokkaido.yomiuri.co.jp/tanken/tanken_t011013.htm

아시아역사자료센터 소장 자료(http://www.nhk-jn.co.jp). 외무성사료관 자료, B02032973200

부록 홋카이도 연도별·탄전별 탄광 가동 현황

탄전별	연도별 탄광명					비고
	1918	1923	1927	1942.3/ 1942.6	1945.6	
이시카리 (石狩)	北炭 夕張	변동 없음	변동 없음	변동 없음	夕張	
	北炭 新夕張	변동 없음	변동 없음	변동 없음		
		변동 없음	변동 없음	변동 없음	변동 없음	
	石狩석탄 大夕張					
		北炭 若榮邊	변동 없음			
	北炭 萬子	변동 없음	변동 없음	변동 없음	萬子	
		北炭 登川	변동 없음	변동 없음	登川	
	三井 登川					
	北炭 眞谷地	변동 없음	변동 없음	변동 없음	眞谷地	
	北炭 空知	변동 없음	변동 없음	변동 없음	空知	
		久原광업 邊溪				
		高倉安次郞 木下				
	北炭 幌內	변동 없음	변동 없음	변동 없음	幌內	
		吉岡萬藏 외 幌內太	변동 없음			
	吉岡萬藏 市來知					
		高久馨 외 新幌內	변동 없음	昭和광업 新幌內	新幌內	
	北炭 幾春別	변동 없음	변동 없음	변동 없음		
			北炭 二股			
	三菱 美唄	변동 없음	변동 없음	변동 없음	변동 없음	
			三井 美唄	변동 없음	변동 없음	
				日東 美唄	변동 없음	
	新美唄	德田與三郞 新美唄	변동 없음	三井 新美唄	변동 없음	

탄전별	연도별 탄광명					비고
	1918	1923	1927	1942.3/1942.6	1945.6	
이시카리 (石狩)	三菱 芦別	변동 없음	변동 없음			
				三井 芦別	三井 芦別	
		有浦彌三郎 新芦別	변동 없음			
				東芦別 東芦別		
		芦別탄광 芦別				
		三菱 奈良	변동 없음			
	三井 砂川	변동 없음	변동 없음	변동 없음	변동 없음	
				日本碍子 朝日	朝日	
		有浦彌三郎 新芦別	변동 없음			
				東芦別 東芦別		
		芦別탄광 芦別				
		三菱 奈良	변동 없음			
	三井 砂川	변동 없음	변동 없음	변동 없음	변동 없음	
				日本碍子 朝日	朝日	
					赤間	
		大倉 茂尻	변동 없음	雄別 茂尻	茂尻	
	奔別 奔別	山下기선광업 奔別	北海道광업 奔別	住友 奔別	奔別	
	奔別 歌志內	山下기선광업 歌志內	北海道광업 歌志內	北炭 歌志內	歌志內	
				住友 歌志內		
		山下기선광업 新歌志內	北海道광업 新歌志內	住友 新歌志內	新歌志內	
	坂탄광 上歌志內	坂上歌志內	住友坂上歌志內	住友 上歌志內	上歌志內	
	奔別 奈井江	北海道광업 奈井江	변동 없음	住友 奈井江	奈井江	

탄전별	1918	1923	1927	1942.3/1942.6	1945.6	비고
				住友 赤平	赤平	
		坂 坂上赤平	住友坂 坂上赤平			
	住友 唐松	변동 없음	변동 없음	변동 없음		
	伊澤良立 彌生	東邦 彌生	변동 없음	변동 없음	彌生	
		豊田義明 외 豊田	豊田 豊田			
		南昌양행 關北	변동 없음			
			橋本 橋本店			
		日米신탁 茶志內	千代田신탁 茶志內			
		茶志內	茶志內			
			生田源四郎 大谷			
			市川辰雄 市川			
			近藤謙一郎 栗澤			
				北炭 角田	角田	
				北炭 平和	平和	
	美流渡	三菱 美流渡		北炭 美流渡		
				北炭 神威		
				北炭 天鹽		
				淺野 雨龍		
				明治 昭和		
				昭和電工 豊里		
					豊里	
	幌向	大和광업 幌向				
	白富					
	鈴木					
	橫山					
	三菱 平岸					
	田中광산 文珠					

탄전별	연도별 탄광명					비고
	1918	1923	1927	1942.3/1942.6	1945.6	
	福永吉藏 외 錦旗					
	高木舜三 외 幌倉					
가바토 (樺戸)						
지토세 (千歲)	山部					
구시로 (釧路)	太平洋 春採	변동 없음	변동 없음	변동 없음		
	太平洋 別保	변동 없음	변동 없음	변동 없음		
		太平洋 桂戀				
	釧勝흥업 別保					
	雄別탄광 철도 雄別	변동 없음	변동 없음	변동 없음	雄別	
			蒔田勘三		昭和	
			昭和2갱			
			金澤長次郎 岬			
		南昌양행 加利庶	변동 없음			
		秋元牧 외 旭	변동 없음			
	八千代	中野米藏 외 八千代	변동 없음			
		北日本광업 尺別	변동 없음	雄別 尺別	尺別	
				雄別 浦幌	浦幌	
				太平洋 新尾幌		
		吉岡萬藏 尾幌				
				大東 上幌別		
	澤江舌辛					
	天寧尺別					

탄전별	연도별 탄광명					비고
	1918	1923	1927	1942.3/1942.6	1945.6	
우라호로 (浦幌) (十勝)	三井 釧路					
	釧勝흥업 昆布森					
	북해광업 靑葉					
	木村久太 郎 釧路組					
	釧勝흥업 庶路					
시라누카 (白糠)				ラサ 白糠		
				明治 庶路		
데시오 (天鹽)		北海無煙 紋 穗內	변동 없음			
		小林寅治 恩 根內	변동 없음			
기타미 (北見)			笠茂掃部 北見			
		久原광업 貴玉				
루모이 (留萌)	留萌			羽幌 築別		
	天鹽 天鹽			日曹 天鹽	日曹 天鹽	
	大和田 大 和田	北海탄업 大和田	중앙광업 大和田		大和田	
시리베시 (後志)	上松民吾 茅沼	澤口기선 茅沼	변동 없음	茅沼 茅沼	茅沼	
	북해광업 發足[76]					1921 휴산
히다카 (日高)		立花藤作 立花	변동 없음			
소야(宗谷) (天北)						

〈 자료 〉 1923 : 북해도광업지, 1924/ 1927 : 북해도광업지, 1928/ 1928 : 북해도개척기념관 연구보고 제4호 – 北海道における炭鑛の發展と勞働者, 46~47쪽/ 1942, 1945 : 朝鮮人强制連行實態調査報告書編集委員會, 「北海道と朝鮮人勞働者」, 1999, 130쪽, 134쪽. 석탄통제회 북해(北海)지부 조사 결과, 조선인 가동 작업장만 해당

[76] 1917년에 北海道광업주식회사 소유가 되었다가 1921년에 휴산. 泊村敎育委員會·泊村史編纂委員會, 「泊村史」, 1967, 386쪽.